Gebirgswanderungen

Kaukasus 2

*Zu den merkwürdigsten Gegenden
und zu den unbekannteren der alten Welt
gehört der Kaukasus,
der mit seinen langen schneebedeckten Rücken
Asien und Europa trennend,
als Grenzscheide beider Welten dasteht*
                              Julius Klaproth, 1807/08

Hans-Jürgen Tietze

Gebirgswanderungen

Kaukasus 2
zweite Reise

vom 05.08. bis 02.09.1989

Text, Fotos, Einbandgestaltung:
© 2024 Hans-Jürgen Tietze
016-401101-241110

Verlag: BoD · Books on Demand GmbH,
In de Tarpen 42, 22848 Norderstedt
Druck: Libri Plureos GmbH, Friedensallee 273,
22763 Hamburg
ISBN: 978-3-7693-1250-8

Inhaltsverzeichnis

Seite

Vorbemerkungen 7

1989
05.08. Mit der Eisenbahn nach Moskau 8
09.08. Besuch bei Lenin 16
10.08. Flug nach Karbadino-Balkarien 22
12.08. Ankunft im Baksantal 33
14.08. Zum Schchelda-Gletscher 45
16.08. Zum Prijut 11 - Elbrus 57
17.08. Im Tal des Irik 66
18.08. Zur Turbase Adyl-Su 71
19.08. Ruhetag - Liftstation Tscheget 77
20.08. Vor dem Betscho-Paß 81
21.08. Von Räubern verfolgt? 86
22.08. Auf dem Biwakplatz „Gostinitza" 94
23.08. Über den Paß Jiper-Azau 98
24.08. Über den Basso-Paß ins Nakra-Tal 105
25.08. Nach Swanetien 116
26.08. Aufstieg zu den Almwiesen 123
27.08. Mit dem Bus nach Tbilissi 131
28.08. Wieder in Tbilissi 135
01.09. Zurück nach Moskau und Heimflug 140

Marginalien 145
Nachtrag 149

Am grünen Biwak

Vorbemerkungen

04.12.86 Do. Gestern Abend bin ich in Leipzig im Haus der DSF gewesen (DSF = Gesellschaft für Deutsch Sowjetische Freundschaft in der einstigen DDR) - ein riesiges, älteres Stadtgebäude am Georgiring (gleich gegenüber der Stasi-Zentrale „runde Ecke").

Dort war nämlich ein Vortrag angekündigt worden: „Als Bergsteiger im Kaukasus, Lichtbildervortrag über die Schönheiten der kaukasischen Bergwelt von und mit Dr. Manfred Roeb."

Als ich kam, saßen vielleicht vier oder fünf Leute im Saal. Einer von denen verkaufte mir eine Karte für 1,55 Mark. Dann kamen noch zwei einzelne Herren, danach vielleicht acht Frauen zwischen 40 und 60 und zwei Mädchen. Schließlich erschien der Vortragende, knipste das Licht aus und haspelte seinen Vortrag herunter samt Lichtbildern. Wie er berichtete, war er vom „Verband für Wandern und Bergsteigen" zweimal dort in den Kaukasus „geschickt" worden und hatte dabei auch die Gelegenheit bekommen, den Elbrus zu besteigen - ein mächtiger Berg und womöglich sogar der höchste Berg Europas.

Wie aber gelangt man zum Elbrus?

Es war kein besonderer Vortrag, den ich hier zu hören bekam. Eigentlich wollte ich aber auch nur wissen, wie man dort in der großen Sowjetunion überhaupt bis in die Berge gelangt - so als DDR-Bürger. Das jedoch war mit diesem Vortrag sogleich klar geworden. Dazu brauchte ich diesen Spezialisten, der „vom Verband geschickt" worden war, gar nicht erst noch weiter zu interviewen, denn das wäre mir nur zu trübe und zu traurig angekommen. Und die Frauen, die zuletzt erschienen waren, die hatten mit dem Besuch dieses Vortrages auch nur einen Punkt im Titelkampf „Kollektiv der DSF" abhaken wollen (wie mir Angela hernach erklärte) und gingen anschließend vielleicht noch irgendwohin schön Törtchen essen. Die DDR (als solche) demonstrierte sich auch hier nur wieder als ein recht piefiges Land. Doch es gab auch noch anderes.

20.11.88 So. Solch eine andere und weitaus interessantere Runde traf sich gestern Abend in Delitzsch bei einer Studentin aus Angelas Gruppe. Wir waren ebenfalls eingeladen. Bei dieser Studentin handelte es sich um eine Turkmenin aus Aschchabad, Sowjetunion, verheiratet mit einem deutschen Mann, der in Rußland studiert hat - Bergbauingenieur. Der arbeitete jetzt in einem Braunkohlentagebau irgendwo im Delitzscher Umland. Und auch bei ihr handelte es sich um keine Studentin, sondern um eine studierte Ärztin, die am Leipziger Herder-Institut nur zur Verbesserung ihrer Deutschkenntnisse noch einmal zur Studentin geworden war.

Verschiedene andere von Angelas Studenten waren ebenfalls mit eingeladen und noch einige Gäste, die ebenfalls in Rußland studiert hatten. Fast alle sprachen fließend Russisch. Als angeheiratete Ausländer können sie fast wie die übrigen Sowjetbürger frei in der Sowjetunion herumreisen - so zumindest war es den Gesprächen zu entnehmen. Und vielleicht bekommen wir durch sie auch noch einmal eine Möglichkeit zu einer Fahrt in den Kaukasus?

Sie hatten volle Tafel: Wintermelonen, Wein, Branntwein, verschiedene Salate - und Absingen von Liedern mit Akkordeonbegleitung. Unser Gastgeber, Ralf, engagierte sich als Musiker.

Mit der Eisenbahn nach Moskau

05.08.89 Sa. Ein sonniger Tag. Die Kraxen sind gepackt, Fahrkarten, Flugtickets, alles erledigt. 18:16 Leipzig Hauptbahnhof: Wir stehen allein am Zug nach Berlin - ohne Fahrkarten. Diese haben Gulja und Ralf. Die Abfahrtszeit naht. Der Schaffner hebt die Kelle. Was nun? Da endlich kommen die beiden angehastet mit Gepäck und mit Kind. Es war wirklich der allerletzte Moment. Wir glaubten schon, daß alles das, was wir uns bezüglich dieser Reise erträumt hatten, wohl doch nur eine Fata Morgana gewesen sei - und wir beiden Deppen waren ihr aufgesessen?

Ankommen in Berlin Lichtenberg und hier wieder warten. Die Abfahrt in Richtung Moskau erfolgt von Berlin Ostbahnhof aus. Es gibt keine Bahnhofsgaststätte. Wir verkürzen uns die Zeit mit Rolltreppefahren mit der kleinen Veronika (drei Jahre alt). Jetzt geht es also nach Rußland?

Unvermutet erscheinen noch unsere Berliner Verwandten auf dem Bahnhof. Sie haben einige Kleinigkeiten mitgebracht - Schokolade. Sie verabschieden sich von uns und wünschen gute Reise. Gedränge auf dem Bahnsteig. Eine private Gruppe von Deutschen verlädt Faltboote. Zwanzig Minuten nach Mitternacht setzt sich der Zug in Bewegung - Abfahrt in „die große SU".

06.08.89 So. Ungewohnt kleine Abteile, nur vier schmale Liegen darin. Wir schlafen nicht besonders gut.

10 Uhr Warschau, Untergrundbahnhof, und dann über die Weichsel - Tee von der „Дежурная". Der Zug fährt und fährt und fährt. Angela hat ein Ausschneidespiel für die Veronika ausgepackt. Wir beschäftigen uns damit. Draußen bezieht sich der Himmel mit grauem Gewölk.

16:30 Uhr Ankunft in Brest - historischer Name. Erst Halt auf dem Bahnhof Brest, dann Fahrt in die Umspur-Halle. Die Eisenbahnschienen im großen Russenreich, welches hier beginnt und erst am fernen Pazifik wieder endet, stehen nur acht Zentimeter weiter auseinander, also vier Zentimeter auf jeder Seite. Warum das? Dazu hatte ich einmal irgendwo gelesen, daß die Russen befürchteten, ihr Riesenreich könne „ganz schnell" von einem Feind mit Eisenbahn „aufgerollt" werden, wenn diese Bahn erst mal gebaut worden wäre. Dem wollten sie rechtzeitig vorbeugen. Als der Feind kam, erschien er jedoch mit Reitern oder mit Panzern und lernte im Übrigen das Umspuren auch sehr schnell. Doch immerhin lehrt uns diese Geschichte, daß sich die Russen durchaus der strategischen Wirkung ihrer ausgedehnten Landmassen bewußt waren. Und sie lehrt auch, zu welchen pittoresken Ideen eine Bürokratie fähig sein kann - Kreativität der besonderen Art - und auch schön „nachhaltig".

Der ganze Zug rollt in das Umspursystem und kann durch Führung mittels Innenschienen vorsichtig auf diese breiteren Gleise fahren. Dann werden die Waggons auseinander gekoppelt und gleichzeitig von seitlichen Spindeln nach oben gedreht. Neue, andere Fahrgestelle rollen unter die Wagen. Während dessen findet oben bei uns die Paßkontrolle statt. Die Zollkontrolle übergeht uns. Wir hatten beim Leipziger Veterinäramt extra eine schriftliche Genehmigung für den Export unserer drei Dauerwürste beantragen müssen. Jetzt packt Angela gebratene Hühnerbeine aus.

21:50 Uhr, Minsk, die Hauptstadt von Weißrußland, wird erreicht. Und von den Wasserwanderern, die mit ihren Kindern irgendwohin nach Karelien wollen, lassen wir uns Horrorgeschichten über den Kaukasus erzählen:

Ein Gruppe, drei Männer und eine Frau, sei vor einem Monat von Swanetien aus über einen Paß in den Nordkaukasus gelangt. Dort hätten sie in einem Dorf übernachtet. Nach ihrem Aufbruch seien sie dann an einsamer Stelle von Leuten aufgehalten und mit Messern bedroht worden. Die Frau wollten sie vergewaltigen. Dann sei ihnen jedoch nur das Gepäck abgenommen worden, nicht aber Geld und Papiere. Das erscheint uns als kein angenehmer Auftakt für unsere Reise. Doch immerhin ist es ein vielleicht nicht ganz unnützer Hinweis. Des Weiteren gab es auch noch ein Gerede über Strafgefangene, die bei den gegenwärtigen Wirren in Abchasien aus den Gefängnissen befreit wurden, und die sich nun unter anderem auch in den Bergen versteckt halten (s.S.104).

Wir verbringen die zweite Nacht im Zug. Und der fährt und fährt und fährt immer weiter Richtung Osten. Berlin - Moskau, das sind rund 1800 Kilometer. Vor den Fenstern zieht eine endlose, flache russische Landschaft vorüber.

07.08.89 Mo. 5:30 Uhr aufstehen. Die Uhren haben wir bereits zwei Stunden vorgestellt. Die Ankunft in der Stadt Moskau soll gegen 7 Uhr stattfinden. Russische Zollerklärungen waren nun auszufüllen und gut aufzuheben. Man hatte sich für „goldene Ringe" bei uns interessiert. Wir besaßen keine. Bei uns haben wir unsere Flugkarten und 600 Rubel (entspricht 1920 Mark der DDR), davon 100 in bar. Die Umtauschgebühr betrug 28,40 Mark.

Auf dem Bahnsteig in Moskau erwartet uns Igor, der Studienfreund von Ralf. Es handelt sich um einen Bahnhof, wie er bei uns in Berlin oder Leipzig sein könnte. Auch die Leute ringsum erscheinen uns ebenso. Wir haben die Kraxen aufgeschnallt. Gulja trägt ebenfalls eine Kraxe. Ralf einen schweren Rucksack.

Damit laufen wir nun zu unserem Quartier - Moskau, Altstadtgebiet. Es erweist sich als eine Wohnung für mehrere Familien zugleich. Das Zimmer, welches Gulja und Ralf für uns vorgesehen hatten, ist schon besetzt von Verwandten der dort wohnenden, aber nicht anwesenden Person Alla. Nach einigem Zögern in Ungewißheit für mich (ich bin derjenige, der hier am wenigsten Russisch versteht, nämlich so gut wie nichts), verabschieden wir uns wieder. Igor will uns nun in seiner Wohnung unterbringen.

Ein Taxi wird angehalten. Ich fahre mit Ralf und allem Gepäck zur Wohnung nach Krylatskoje. Die anderen folgen mit Metro und Bus nach (bis U-Bahnstation Molodjoschnaja). Es handelt sich um ein riesiges Neubaugebiet (16-Geschosser) auf grüner Wiese - aber ansprechende Gebäude. Und dann geht es mit Aufzug in den sechsten Stock. Olympiagelände, Zwei-Zimmer-Wohnung mit Küche und Bad. Die jungen Leute haben zwei kleine Kinder. Wir werden von der Frau empfangen. Sie will am nächsten Tag mit den Kindern auf die Datsche.

Ein reichhaltiges Essen wird zubereitet, Wein, Schnaps. Die Raucher rauchen viele Zigaretten. Der Himmel hat sich wieder mit Wolken bezogen. Hinter dem nächsten Häuserblock ziehen mehrspurige, gerade Chausseen zu den Datschenvierteln der Regierung (so erklärt man uns).

Nach dem reichhaltigen Essen Spaziergang, zunächst durch die Häuserschluchten, dann durch ein mit hohem Kraut bewachsenes, flaches Tal - Ödland. Am Horizont steht die Silhouette Moskaus. Ein Bächlein, eine kleine, alte Kirche im Gebüsch, eine „heilige" Quelle, an der reges Treiben herrscht. Die Sonne ist wieder hervor gekommen. Ein bärtiger, alter Herr in Badehose läßt sich von uns heiliges Wasser über den Kopf schütten. Zettel an einer Bank fordern die Erhaltung dieser Quelle. Offenbar ist sie von Neubauten bedroht. Radrennbahn, Skigelände im Winter, Lift auf eine Erdhalde hinauf.

Fahrt mit dem Bus, dann Umsteigen in die Metro. Diese Untergrundbahn hat tatsächlich Format. Sie funktioniert. Sie ist eine wirkliche, eine imposante Dienstleistung. Und sauber und schön ist sie obendrein. Moskau ist bekannt für diese U-Bahn.

Aussteigen irgendwo am Kreml. Ich entdecke die Kremlmauer. Aber zuerst müssen wir ins Aeroflot-Büro wegen der Flugkarten - Bürokratie trotz Computerzeitalter - eine Stunde Warten. Doch unsere Flugkarte, die wir in der Leipziger Aeroflotfiliale schon bezahlt haben, können wir trotzdem erst am nächsten Tag abholen. Dabei wird auch nur der erste Flug komplett gemacht. Am meisten verwundern mich die kaum leserlichen Krickelkrakel auf dem Ticket. Vielleicht ist das eine moderne Geheimschrift, vielleicht ist es auch ganz ohne Wert und Inhalt?

Die anderen warten unterdessen auf einem Platz mit Springbrunnen. Dort spielen die beiden Kinder, Veronika und Antoschka. Veronika spricht deutsch, versteht aber russisch. Antoschka, der sehr lebendig, aber lieb ist, spricht nur russisch. Sie verstehen sich offenbar.

Moskau und die Moskauer machen einen guten Eindruck auf mich. Das Wort „Weltstadt" kommt mir dabei in den Sinn. Es ist jene Atmosphäre, wo man sich in der Masse anonym und frei fühlt, selbständig und doch auch geborgen.

Kosten der Flugkarten pro Person:
    Moskau - Mineralni Wodi (Nordkaukasus): 30 Rubel
    Tbilissi - Moskau: 37 Rubel
    Moskau - Berlin: 95 Rubel
    Zusammen: 162 Rubel = 518,40 Mark der DDR
    Die Bahnfahrt Berlin - Moskau kostete uns
    156 Mark pro Person.

Man fährt mit uns (Autobus) zur „Ulitza Arbat" - eine Sehenswürdigkeit des modernen, des „ganz neuen" Moskau, nämlich als der Hauptstadt von „Perestrojka" (Umbau) und „Glasnost" (Durchsichtigkeit). Gleich am Anfang dieser Straße („Der Arbat" - Fußgängerzone, Verkaufsstände, ambulante Händler, viele Künstler, Portraitisten bei der Arbeit etc.) deklamiert ein Dichter seine Verse, ein seriöser Mann im mittleren Alter, der eine Aktentasche neben sich zu stehen hat. Er ist locker umgeben von ernst zuhörenden Zuschauern.

Ich verstehe natürlich kein Wort. Doch es geht um Politisches. Ich lasse mir etwas davon übersetzen. Das hört sich dann ungefähr so an:

... Der alte Führer liegt im Aquarium ...
... Wie wird es dem neuen Führer ergehen ...

Ich stelle mir nun vor, ich würde mich in Leipzig in die Hainstraße stellen und dort meine Verse deklamieren ... Vermutlich kämen „sie" dort sogleich mit ihren Stasitypen daher und würden mich mit Blaulicht in die nächste Irrenanstalt einliefern - unsere roten Gemütskrüppel? Doch eine Prügelgarde gibt es hier in Moskau auch - grimmig guckende Polizisten in fast schwarzen Uniformen mit gezücktem Gummiknüppel, um das wilde Volk eventuell zu zügeln. Sie flanieren immer zu zweit durch das bunte Menschengewimmel.

Triviales Kunstgewerbe wird angeboten, Massenhaft Kunst und Künstler. Karikaturisten demonstrieren ihre Fähigkeiten. Es gibt etliche Leute, die sich hier malen lassen. Und die Bilder erscheinen mir von einer beachtlichen Qualität zu sein - und doch deprimiert mich das: Eine zu offensichtliche Inflation der Kunst. Ein Maler fesselt mich besonders. Er hat sich auf apokalyptische Bilder verlegt - kitschig, vordergründig - und will damit vermutlich Geld verdienen. Gekauft wird fast nichts.

Unser Einblick in den Arbat bleibt nur flüchtig - leider. Aber vielleicht ist das auch besser so. An einer Mauer ist frisch ein winziges Plakat angeschlagen. Darauf wird das K im Parteinamen der kommunistischen Partei „КПСС" als „korrupt" gedeutet, und die Gründung einer neuen Partei wird gefordert.

Ein Sänger singt russische Lieder und fordert zum Mitsingen auf. An anderer Stelle machen Leute Musik und singen und haben viele Zuhörer und Zuschauer.

Mir fallen einige grell herausgeputzte junge Mädchen auf, die in der Menge beisammen stehen. Dann kommen zwei Herren der Knüppelgarde den Arbat herauf. Ein Mann mit Videokamera hüpft vor ihnen her und filmt sie. Als diese Gruppe auf unserer Höhe ankommt, werden diese schwarzen Knüppelgardisten von den bunten

Mädchen überfallen und abgeküßt. Die beiden verhalten sich ruhig und lassen sich weiter filmen. Doch vielleicht war das alles vorher abgesprochen und bezahlt, wer weiß von wem?

Im georgischen Restaurant dann ein kurzer Imbiß, Chatschapuri (was sonst!), dazu eine fade Limonade.

Auf der Straße wirbt derweil ein Mann mit einem großen Plakat um Mitglieder für eine „ehrenwerte Gesellschaft" („People of honour", so lese ich). Und wir verlassen wieder diese Straße der Offenbarungen. Es gärt also in Moskau. Doch es gärt auch unheimlich, panoptikal, grotesk, hilflos.

Wir ziehen weiter durch die Stadt. Buchgeschäft. Das mich interessierende Angebot englischer Literatur aus Moskauer Verlagen („Foreign Languages Publishing House") erscheint mir mehr als dürftig. Immerhin bekomme ich dort einen „Miniatlas" von den Ländern um das Kaukasusgebirge, ein Heftchen im Format DIN A7 mit hartem Deckel, mit allen Details, wie sie auch im Autoatlas gedruckt sind. Das könnte unter Umständen vielleicht nützlich werden. In Juweliergeschäften werden Kollektionen geschliffener Mineralien und Gesteine angeboten. Immer ist auch ein blauer Lapislazuli dabei. Aber 30 Rubel (100 Mark) ist mir einfach zu viel Geld dafür.

Zurück mit U-Bahn und Bus. Abends wieder umfangreiches Essen, Computerspiele, Fernsehprogramm. Das sowjetische Fernsehen erscheint mir hochinteressant. Meine fehlende Sprachkenntnis wirkt sich nun tatsächlich als echter Mangel aus - zu spät. Doch hätten sie mir dreißig Jahre früher so etwa in dieser Art nützlich werden können? Ich denke wohl eher nicht.

08.08.89 Mo. Wir haben gut geschlafen bei den Kindern im elterlichen Schlafzimmer. Die anderen wollten als alte Freunde noch länger beisammen sein am Abend. Nach dem Frühstück Spaziergang zur Post. Wir geben ein Paket nach Tbilissi auf. Vor unseren Augen wird es verpackt, zugeklebt und weggelegt, Kosten vermutlich etwa drei Rubel. Gegen 12 Uhr Fahrt ins Moskauer Zentrum: Gulja, Veronika, Angela und ich. Ralf besucht derweil seine alte Hochschule, um dort Angelegenheiten seiner künftigen Doktorarbeit vorzuklären.

Bedeckter Himmel, Spaziergang in den Kreml, Kanonen, die große Zarenkanone, die riesige, gesprungene Glocke - alles „достопримечательностый" (Sehenswürdigkeiten). Schwarze Regierungslimousinen rauschen vorbei (und erscheinen mir wie ein grotesk albernes, sinnleeres Eigenleben) - Kirchen, Zwiebeltürme, Touristenströme. Vor der Kremlmauer essen wir unser Mitgebrachtes. Hochzeitspaare legen Blumen auf eine polierte Granitplatte, aus der in der Mitte eine mächtige Flamme lodert - Angela fragt, was wohl passieren würde, wenn wir über dieser Flamme Schaschlik rösten würden ...

Wanderung über den Roten Platz. Er erscheint mir klein gegenüber meinen Vorstellungen aus den Propagandabildern in der DDR. Gegenüber dem Kreml sehen wir das berühmte Warenhaus „GUM". Von außen ist es als ein solches aber nicht zu erkennen. Wir statten ihm einen kurzen Besuch ab - eine Ansammlung mehrstöckiger Lichthöfe mit Verkaufsnischen, drinnen viele Leute, Menschengewühl, unübersichtlich, aber vornehm - für das Auge - und auch ein wenig antiquiert. Der Rote Platz liegt erhöht. Die engen Zufahrtsstraßen zu ihm führen bergauf. Mausoleum und Kremlmauer werden von Ordnungskräften abgesperrt. Der Platz selbst ist ganz in der Hand der Touristen. Die Kirche mit den vielen bunten Zwiebeln obendrauf ist heute geschlossen: „Hygienetag".

Daher wird eine Schiffsfahrt auf der Moskwa beschlossen. Die Karten für das Fahrgastschiff werden auf dem Roten Platz verkauft; Billet Nr. 383576 Zena: 1 Rubel 60 Kopeken „МОСКВА С БОРТА ТЕПЛОХОДА". Von dort werden wir zur Anlegestelle „geführt" Wir schreiten vorbei am riesigen Hotel „Rossia". Dann Stadtpanorama vom Fluß aus - Schokoladenfabrik „Roter Stern", riesige Brücken, neue Hotels (eines davon mit einer merkwürdigen goldenen Zierkonstruktion auf dem Dach), Parkufer, Laubbäume, Karussellplatz.

In Moskau gibt es fünf oder sieben große, typische Bauten im Stalinschen „Zuckerbäckerstil". Das größte davon ist vermutlich die Lomonossow-Universität. Mir gefallen diese Häuser. Im Übrigen bestimmen sie ganz wesentlich das Bild dieser Stadt.

Nach der Schiffsfahrt begeben wir uns zum Geldumtausch ins Hotel Rossia. Ich löse vorerst 150 Rubel ein. Dann essen in einer Schnellimbißstube. Das Essen ist reichlich, billig, und es schmeckt auch. Gegen 21:30 Uhr erscheinen wir wieder bei unseren Gastgebern im Quartier. Die junge Frau mit dem Sohn ist abgereist. Wir sind mit Igor allein, der für uns gewissermaßen die Stellung hält. Ein anderer Freund der Familie ist dazu gekommen. Seine Frau, die Bergwanderungsinstrukteurin, sei krank geworden, so erfahren wir. Da wird es also nichts mit Ralfs Planungen, mit ihr den Kaukasus zu durchwandern.

Besuch bei Lenin

09.08.89 Mi. Igor hat etwas organisiert. Wir sollen Lenin sehen, d.h. Angela und ich sollen ihn sehen, denn Gulja und Ralf kennen ihn vermutlich längst - diesen wichtigen Herrn aus unseren Schulbüchern. Der andere Freund von ihm, Wanja, kennt nämlich die Reiseleiterin, in deren Gruppe wir uns einfach „seitlich einschmuggeln" sollen - Lenin also auch noch „illegal"? Wir wollten das überhaupt nicht, hatten nicht darum gebeten. Doch schaden kann es nicht. Und unhöflich mochten wir auch nicht sein. Jetzt wird es also ganz russisch. Alles ist nämlich unklar - aber organisiert: Autobus, Metro, Roter Platz, Vormittag.

Der Platz ist abgesperrt. Eine vielleicht einen Kilometer lange Menschenschlange windet sich bis in den Park vor der Kremlmauer. Überall patrouillieren Sicherheits- und Ordnungskräfte. Hier wird nun etwas zelebriert - aber was? Wir stehen allein mit unserem neuen russischen Freund und Begleiter und warten auf irgendetwas. Die Leute in der Schlange schieben sich langsam voran. Polizisten stehen wachsam dabei und kontrollieren Taschen und Beutel bei den Leuten. Wir wissen nicht so recht, was hier nun eigentlich ablaufen soll. Nach längerem Warten kommt ein Reisebus angerollt. Wir werden hastig hinein gestoßen. Im letzten Moment reißt der Russische Freund uns unsere Einkaufsbeutel aus der Hand. Wir müssen schnell mit der Reisegruppe durch eine Polizeisperre eilen und von dort ans

Ende der Warteschlange. Angela ist erbost. Sie wollte eigentlich auf eine Toilette. Sie hat ihre Tage und nun nichts bei sich.

Und dann warten und warten und warten. Nur langsam schiebt sich die Schlange weiter. Einige Leute hatten ihre Taschen nicht abgegeben: In mir steigt ein unguter Zorn auf, nichts Gutes verheißend für den heiligen Lenin und seine borniertenn Russen: Was für ein Zirkus! Bis auf unsere Menschenkette ist der Rote Platz heute vollkommen leer. Wir schreiben das Jahr 1989. Wie viele Jahrzehnte findet nun schon tagtäglich (bis auf den „санитарный день") diese Prozession statt!

Vor dem massigen Mausoleum schwenkt die Reihe rechts ab in scharfem Knick. Es geht nun vorwärts mitten in das Zentrum aller sowjetischen Macht, in das Mark des Allerheiligsten - roter, polierter Stein - überhaupt viele schön polierte Steine, geradezu wie in einer Mineralien- und Gesteinsausstellung - Alexandrit, schwarz mit dem blauen Funkeln aus den Kristalliten. Und ringsum überall stramme Gardesoldaten in blaugrüner Uniform: Die Ehrenwache am Eingang und mit - „Stillgestanden!" - wie zu ewiger Andacht erstarrt.

Dann nach links, und wieder ein Soldat oder gar zwei. Wir werden auffällig unauffällig gemustert - die Fremden (womöglich der Klassenfeind?) Dann nach rechts schwenken, Treppe abwärts, noch mal nach rechts schwenken.

Ich bin es müde (war es ja immer schon bei solchen Sachen) - dieses zackige Schwenken. Eine Ordnungskraft wird darum handgreiflich an mir, rückt mich sanft, aber bestimmt zurecht. Hier ist stramme Haltung obligatorisch. Der grimmige Krieger in gestählter Uniform zerrt mich zu sich hinüber - vermutlich, weil ich die Kurve zu lasch nahm, zu lahm, zu lax, nicht präzise im rechten Winkel. Vielleicht aber hat ihn auch mein arroganter Bart geärgert oder mein unterdessen leicht blasierter Blick. Oder er wollte den Ausländer in mir zurechtweisen, den häßlichen Deutschen, der einst vor Moskau stand - 48 Jahre zuvor - aber nicht bis zum Wladimir Iljitsch kam?

Nun ja, ich stand noch nie „vor Moskau" - aber vielleicht einige Vorfahren von mir. Doch jetzt will ich zu Lenin. Eigentlich aber möchte ich gar nicht. Es ist lediglich so organisiert worden, so, als würde ich wollen. Also weiter geduldig warten.

Die Menschenschlange schiebt sich nur langsam durch den schmalen Gang. Wie viele Leute wanderten vor mir schon an Lenins Leibwächtern vorbei. Wie viele werden noch kommen? Die Welt ist groß. Bis jeder Mensch dem großen Lenin persönlich begegnet ist, könnten durchaus noch etliche Jahrtausende vergehen.

Jetzt aber ist für mich erst mal wieder Konzentration angesagt, Geduld - und vielleicht sogar eine meditative Stimmung?

Wieder nach rechts schwenken ins Allerheiligste des Allerheiligsten. Von oben rotes Licht. Der Lenin braucht rotes Licht. In der Mitte der Sarkophag, dessen Glasscheiben wie unsichtbar bleiben. Zwischen dieser gläsernen Kiste mit der Mumie und den Leuten, die zu Lenins Füßen nach links schwenken, befindet sich eine Art Graben aus dem Ehrenwachesoldaten hervorlugen wie die Heinzelmännchen - eingezwergtes Panoptikum.

Und endlich Lenin selbst, angestrahlt von einer 60-Watt-Birne. Mir fällt mir sogleich ein: „Sowjetmacht = Kommunismus + Elektrifizierung". Das hatten wir so in der Schule zu lernen.

Lenin hält seine Hand leicht zur Faust geballt und liegt da wie eine Wachspuppe mit ganz leichtem Mottenfraß. Makabre Gefühle suchen mich heim - das tote Männlein, welches einst die Welt veränderte - im Glaskasten. Mir kommt das Märchen von Schneewittchen mit den sieben Zwergen in den Sinn. Es scheint mir fast, als warte die gesamte sowjetische Nation nur darauf, daß sich ihr Lenin endlich wieder erhebt, den vergifteten Apfel ausspuckt, den Glaskasten zerbricht, wieder aufersteht und spricht: „Na, dann wollen wir also wieder mal ..." Ich glaube, das ganze sowjetische Volk würde ihm folgen wie dem Mohamed oder Buddha.

Und noch einmal geht es links herum und danach vorbei an Lenins linker Seite. Dabei starre ich auf das kleine, maskenhafte Gesicht und vergesse, auf die anderen Dinge zu achten. Was hat man ihm eigentlich angezogen in diesem Glassarg? Dann suche ich nach dem Platz, wo der große Stalin gelegen haben könnte - nicht zu erkennen, es gibt keinen. Der „VEB sozialistisches Mausoleum" hat seine Sache offenbar bestens im Griff.

Doch mir nagt nach dem allen ein Problem in meinem Kopf: Der Mensch, so winzig, das Brimborium um ihn herum so gewaltig und so hohl - katholische Reliquien, die Kaaba in Mekka? Und was sonst noch in dieser Art ... Vielleicht würde dieser Lenin, würde er tatsächlich wieder erwachen, sich ja auch nur umdrehen, auf den Bauch legen und nur angewidert für immer die Augen schließen?

Und dann endlich wieder an die Luft, flotter Marsch an die Kremlmauer: Namensschilder, Blumensträuße, geschliffene, polierte Steine. Hier nun endlich auch Stalin, der Größte aller Großen als

Denkmal und dann auch noch Breschnew. Jetzt leuchtet mir auch ein, wie der Kommunismus hier tatsächlich nur eine lebendige Religion war (und noch immer ist) - banal, hoffnungslos und unterdessen korrupt, verkrebst mit widerborstigen Parteipfaffen, unfähigen Subalternen, verfetteten Staatsstützen, die nun allesamt ihre alten, bewährten Pfründen im Sturm der Reformationen unter Gorbatschow wanken sehen.

Kurzer Halt - denn vor uns paradieren die Blaugrünen zur Wachablösung der Weltmacht Sowjetunion vorbei in ihrem albern wirkenden Stechschritt, die Beine werfend wie Marionetten, die an Fäden gezogen werden. Albern wirkt das schon - doch gruselig ist es auch. Vor allem um das Letztere geht es hierbei vermutlich.

Dann endlich stehen wir entlassen und verlassen wieder in der anonymen Menge auf dem Roten Platz. Der Alptraum ist vorbei, das groteske Schauspiel zu Ende - für uns wenigstens. Hinter uns geht es weiter und vermutlich bis in alle Ewigkeit.

Ein anderer Schock bereitet sich vor uns aus: Unser Russe mit den Beuteln ist nicht da. Wir hatten ihn hier am Ausgang erwartet. Angela will nun dringend auf eine Toilette. Es ist warm geworden. Glücklicherweise habe ich wenigstens das Portemonnaie gleich griffbereit. Angela muß irgendetwas Wesentliches falsch verstanden haben. Sie ist strikt der Meinung, daß wir unseren russischen Freund überall treffen könnten, nur nicht dort, wo wir ihn verlassen haben, auf der anderen Seite des Roten Platzes. So wandern wir durch das Menschengewühl außerhalb der Absperrungen und suchen eine Apotheke für Watte, eine Toilette, und sind schließlich wieder am Ausgang und warten, 11:30, dann 12:30. Schließlich geben wir auf und wollen uns zu der Selbstbedienungsgaststätte in der Nähe begeben. Dabei hat Angela die Idee, noch einen anderen möglichen „Treffpunkt" aufzusuchen. Dabei kommen wir rein zufällig auch dort vorbei, wo wir uns von diesem Wanja getrennt hatten, wo er uns die Beutel aus der Hand riß. Hier greift uns endlich der Ralf auf, der unterdessen ebenfalls eingetroffen war und hier auf uns gewartet hatte. Alles scheint wieder in Ordnung zu sein. Nur mein Ärger hat sich gewandelt. Während ich zuerst Zorn hatte auf diese Russen im allgemeinen und im besonderen, bin ich nun wütend auf mich selbst: Es fügte sich doch alles, was will ich denn eigentlich!

Warum aber mußten wir Lenin sehen?

Zum Essen nun alle vier in die Ulitza Gorkowa, danach Metrobesichtigung. Wanja führt uns durch die Stationen und erläutert dieses und jenes. 65% der unterirdischen Flächen sind dem öffentlichen Verkehr nicht zugänglich, so hören wir von ihm: Luftschutzanlagen, Speicher, Reparaturstellen. Wir sehen die Station, wo im Krieg Beratungen abgehalten wurden, Stationen mit Halbedelsteinen ausgekleidet, Glasfenster von hinten beleuchtet, Skulpturen und auch modernere Stationen ohne viel Schnickschnack. Wer einmal seine fünf Kopeken bezahlt hat und sich damit dann innerhalb des Metrobezirkes befindet, kann fahren soweit und so viel er will. Es gibt keine Fahrkarten.

Schon etwas angemüdet verabschieden wir uns von den beiden Führern und fahren allein zur Allunionsausstellung. 15 Uhr stehen wir dann dort vor dem gewaltigen Empfangsportal - reger Publikumsverkehr, viele ambulante Händler, auch hier wieder Künstler als Porträtisten, Andenken- und Kitschverkäufer. Einer verkauft aus dem Auto kleine Zitronenbäumchen mit Zitronen daran.

Diese ständige Ausstellung besteht aus einem parkartigen Gelände mit kleineren und größeren Gebäuden dazwischen gestreut. Man sieht es der Architektur an, daß hier Geld im Spiele war bzw. Machtentfaltung. Hier sollte Eindruck gemacht werden. Doch immerhin: Paläste für das Volk - einmal im Leben nach Moskau, einmal Lenin sehen, einmal zur Allunionsausstellung - staunen, bewundern - dann wieder heim mit dem aufgefrischten Glauben an die ferne Vision vom Kommunismus.

Das Äußere dieser Bauten wirkt auch entsprechend. Die Ausstellungsobjekte darinnen nehmen sich im Vergleich zu dieser architektonischen Fülle vergleichsweise unpassend aus. Hier wird mir auch klar: Politik ist der diffizile Umgang mit dem, was bleibt, weil es störrisch ist, und dem was sich wandelt, weil es fort will. Der „Brunnen der Nationen" wird soeben frisch vergoldet. Das Gold wird geschützt, aber nicht von Elektronik, sondern mit einem Hundezwinger darum herum.

Sonne, Sommerwolken am Himmel. Ein Karussell rotiert um seine horizontale Achse, Überschlagsrundfahrtunternehmen. Angela möchte da mal mitfahren. Ich aber habe Bedenken wegen der Kreislaufbelastung bei uns „alten Leutchen".

Kosmosausstellung, ein großes Raketentriebwerk ist zu sehen - für längs aufgeschnitten. Das fasziniert mich. Ich stehe lange davor. Angela fragt mich, was es daran so Interessantes zu sehen gibt. Ich aber sehe vor meinem geistigen Auge die gewaltige Kraft, die immense Temperatur und die genau ausgeklügelte Form, auf der die Rakete dann ins Universum reitet - und alles nur heiße Gase. Wer durfte all diese schönen Apparate konstruieren und bauen, die sich dann tatsächlich von der Schwerkraft lösten? Das alles nämlich ist mit meinen persönlichen Erfahrungen betreffs verordneter Kreativität tatsächlich kaum noch vorstellbar.

Geologieausstellung - die unendlichen Schätze aus der Erde dieses riesigen Landes lassen sich hier bestaunen. Es gibt recht preiswert Mineralien zu kaufen. Doch was mich interessiert, das gäbe es nur in Leningrad, so hören wir.

Zimmerpflanzenpavillion, Präsentation kunstvoller Bilder nur aus gefärbten Maisblättern. Und danach wieder zurück in die Stadt. Wir sind pflastermüde. Rechts ist noch der Moskauer Fernsehturm zu sehen. Die Metro ist auf dieser Teilstrecke geschlossen - also Straßenbahn, andere Metrostation. Wir kaufen Brot, Weintrauben, Pfirsiche, Melonen, gelbe und grüne. 20 Uhr „zu Hause". Ralf erwartet uns. Alle anderen sind weg. Igor ist nun auch auf die Datsche gefahren. Gulja mit ihrer Tochter ist schon in der Frühe zu ihren Eltern nach Aschchabad (2800 km südöstlich von Moskau) abgeflogen. Und wir wollen morgen fort und in die Berge.

Flug nach Karbadino-Balkarien

10.08.89 Do. 9:30 Uhr aufstehen. Ich habe kein gutes Gefühl - eine unbestimmte Bangigkeit beschleicht mich. In der Nacht hat es geregnet. Das Telefon klingelt. Gulja ruft an. Jetzt ist sie schon wieder in Mineralni Wodi (1800 km nordwestlich von Aschchabad) und erwartet uns dort. Das alles sind andere Dimensionen als in der kleinen DDR. Hier wird die große SU nun wirklich groß! Und warum hat bei uns in der DDR noch nicht jeder Bürger ein Telefon? Oder muß erst der letzte Sowjetmensch eines haben, bevor die DDR dran kommt?

Wir packen jetzt die Kraxen auf den Rücken und werfen die Tür der fremden Wohnung ins Schloß. Draußen über Moskau ist Dauerregen, grauer Himmel. Dann warten auf ein Taxi an der Bushaltestelle. Ralf wartet woanders auf ein Taxi. Schließlich hält ein Taxi. Wir verladen das Gepäck. Ralf sitzt vorn, 13 Uhr Abfahrt, 30 Kilometer, 7 Rubel für die Fahrt.

13:20 Uhr Wnukowo, Flughafen. Wir haben noch viel Zeit und begeben uns mit unserem Gepäck in die Wartehalle. Als Ausländer werden wir gesondert in einem älteren Gebäude abgefertigt. Musik von unten. Dort treffen wir auf eine Volkstanzgruppe aus Stuttgart, BRD, die in ihren Trachten reist und sich mit Tanzen im Warteraum einfach nur die Zeit vertreibt.

Gepäck abgeben, nachlässige Körperkontrolle, Fahrt mit dem Bus zum Flugzeug: IL-86, riesige, neue Maschine mit zwei Gängen zwischen den Sitzen, neun Plätze pro Reihe. Angela verschafft mir einen Fensterplatz. Erlebnis fliegen. Es ist dies erst das zweite Mal bei mir. Start 17:10 Uhr, Rollen auf die Startbahn, Anlauf (ein eiliger Hase kreuzt noch flink die Fahrbahn vor uns), Beschleunigung - und schon schweben wir wie federleicht, aber brausend über den Häusern in der Tiefe, hängen in der Luft, die Nase noch immer nach oben. Regentropfen werden vom Fahrtwind von den Fenstern gewischt, schließlich Eintauchen im Nebel. 17:30 Uhr, die Obergrenze der Wolkenschicht ist erreicht.

Das also war Moskau. Ich glaube, ich hatte genug gesehen. Wegen dieser Stadt war ich nicht auf die Idee einer solchen Reise gekommen. Diese Städte alle bleiben mir letztlich fremd und gleichgültig - wie komische Käfer, von denen es Massen gibt - panoptikale Welten aus sich selbst und für sich selbst. Jetzt erst geht es in das Besondere, in das Andere, das Eigentliche, zu dem, was sich bei uns unterdessen überall nur noch in Büchern und alten Märchen findet - falls überhaupt.

Das Flugzeug ist voll besetzt. Angela liest in ihrem Roman. Hoch über uns ist noch eine dritte Wolkenschicht zu erkennen. 18:15 Uhr, über den Wolken, Dunst. Unter uns Haufengewölk - wie Schaumberge auf einer graublauen See. Als spitzen Strich auf den Wolken kann man unten den Schatten des Flugzeugs erkennen plus dem von den Kondensstreifen. Verkaufsbasar in der Passagierkabine, elektronische Geduldsspiele, indische Hemden und Hüte, Souvenirs. Draußen werden die Wolken weniger. 18:18 Uhr und unter uns breitet sich eine große Wasserfläche, daneben rechteckige Felder begrenzt mit Windschutzanpflanzungen.

18:50 Uhr Landung, Flugstrecke 1400 Kilometer, Sonne, klarer Himmel. Ein kräftiger, dicklicher, etwas älterer Herr erwartet uns direkt am Flugzeug. Ralf spricht schon mit ihm und stellt uns vor. Es ist der Onkel von Guljas Freundin Ala aus Naltschik. Von der Stadt Mineralni Wodi bekommen wir nicht viel zu sehen. Der Flughafen liegt wohl sehr außerhalb. Wir spazieren durch ein Tor nach draußen. Das Gepäck aus dem Flieger wird mit einem Spezialauto in eine Nebenstraße gefahren auf die andere Seite von einem großen Parkplatz. Gulja taucht auf. Unsere Sachen werden alle in einen schwarzen Wolga verstaut. Es ist so viel, daß die Kofferraumklappe offen bleiben muß. Zu viert finden wir Platz auf dem Rücksitz. Vorn sitzt der Onkel neben seinem Fahrer.

Abfahrt in Mineralni Wodi 19:30 Uhr, Ankunft in Naltschik 21 Uhr, 100 Kilometer Strecke. 20:45 Uhr war es dunkel geworden. Vorbei an einem kleinen Zeltplatz - deutsche Touristen? Den Elbrus konnten wir nicht sehen. Es war zu diesig. Flaches, welliges Land. Zwei Kalkberge ragen isoliert aus der Landschaft - Kalkriffe eines Urmeeres? Großzügig ausgebaute Straßen, welche die Städte umgeben, Inosemzewo (Stadt der Ausländer, weil angeblich einst von Deutschen gegründet), Sonnenblumenfelder. An der Straße überall Stände mit Honigverkauf. Pjatigorsk, Staatsstraße Nr. 14, zuletzt durch Naltschik bis ins Erholungsgebiet.

Der Onkel bringt uns ins Quartier. Der Fahrer wartet unten. Turbase Dolinsk - zwei kleine Zimmer hinter einer Tür, drei Betten, Dusche, Balkon mit Blick auf die Stadt. Disko-Musik, Leute tanzen hinter einem Zaun. 23 Uhr ist Schluß damit, Ruhe. Eine Frau, die uns den Schlüssel gab, bringt Brot, Tomaten, Gurken, Käse. Angela packt den Wodka aus und bietet an. Der Onkel bleibt vorerst bei uns, spricht dem Wodka zu und unterhält sich mit uns. Gulja packt Wurst aus der Kraxe. Wir sind hier zu Gast bei Kabardinern. Der Onkel ist irgendein hoher Chef und zuständig für Kurheime, Ferienobjekte, Zeltplätze, Turbasen in seinem Land Karbadino-Balkarien. Damit sind wir offenbar genau an den richtigen geraten. Das aber ist nicht das Verdienst von Angela und mir. Wir wären auch lieber ohne „Verdienst" hierher gereist. Doch das ist so ganz einfach nicht - geht aber mit etwas Erfahrung durchaus auch. Es wird spät.

11.08.89 Fr. Früh sieben Uhr. Über uns wölbt sich ein blauer, wolkenloser Himmel, Blick aus der Unterkunft in westliche Richtung über ein Waldgebiet, dahinter deutet sich die Stadt an. Die Turbase (russische Abkürzung für „Touristenbasis") liegt an einem bewaldeten Berghang, gewissermaßen auf den Zehen des großen Kaukasus. Wie aber geht es mit uns weiter? Ich weiß wieder einmal nichts. Angela, die ein wenig in die russischen Gespräche hineinhören kann, weiß auch nichts. Offenbar weiß niemand etwas. Und offenbar gehört das zum Leben hier in diesen Gegenden einfach dazu, daß man nie weiß, wie es weiter geht. Es bleibt also erst einmal alles unklar, wann, wo, wohin, wie weiter. Wir sind hier, und das reicht offenbar.

Geplant war ursprünglich, nach Elbruskij zu fahren, ein Städtchen gleich westlich des Bergriesen Elbrus gelegen, und zwar in ein Institut, wo der Ralf sein letztes Praktikum gemacht hatte. Das wird nun aber nichts, wie ich immerhin zu hören bekam. Und für heute sei irgendein „Ausflug" geplant, erfuhr ich dann noch. Morgen dann soll es nach „Elbrus" gehen, einem Ort im Baksantal.

Es ist noch früh. Und ich habe Zeit. Ich mache einen Spaziergang in die Umgebung der Unterkunft. An einem Kiosk entdecke ich interessante Ansichtskarten und ein Heft über den Gesevzekpaß. Aber der Kiosk ist geschlossen, und, wie ich noch herausbekomme, für immer. Zum Frühstück werden wir dann geführt und platziert. Dafür bekommen wir das Essen umsonst. Es schmeckt auch. Und es ist reichlich.

Unterdessen steht der Zeiger der Uhr auf 9:10 Uhr - und wieder warten. Im Zimmer steht ein Farbfernseher. Gulja und Ralf schauen das örtliche Fernsehen - Russenfernsehen. Ich verstehe wieder nichts. Angela raucht. Schließlich erscheint der Fahrer, ein anderer dieses Mal und auch ein anderes Auto, ein Jeep. Der Onkel ist auch wieder dabei. Wir vier quetschen uns auf die hinteren beiden Sitze. Zunächst aber geht es hinein in die Stadt Naltschik, nämlich zum Anmelden beim „Ovir". Doch weil wir „Beziehungen" haben, brauchen wir nicht zu warten, sondern bekommen sofort den Stempel auf die Reiseanlage gedrückt, Aufenthalt in Naltschik befristet bis zum 18.August - warum nur so kurz? Davor waren Gulja und Ralf auch noch bei einem Aeroflotbüro wegen eines Fluges von Mineralni Wodi nach Aschchabad. Den konnten sie in Leipzig nicht buchen. Aber alles ist weg. Sie bekommen nichts mehr. Dann beginnt unser Ausflug.

Im Jeep geht es hinauf in die Berge, zunächst Teerstraße, dann gelegentlich Schotter und Geröll. Das große Dorf „Sowjetskoje" (sehr weiträumige Anlage), wird passiert, Kühe auf der Straße. 13:15 Uhr, wir stehen am „blauen See" - Golubije Osera, Karstsee, berühmt und bekannt, 33 km Fahrstrecke von Naltschik aus. Der Fahrer steht unschlüssig am Auto, wir ebenso. Der Onkel, Anatoli heißt er, hat hier irgendetwas zu erledigen. Spaziergang um das Gewässer. Es sieht tatsächlich blau aus, kalkblau oder vielmehr blaugrün. Das Wasser ist glasklar. Auf dem Grund am Ufer ist deutlich allerlei Gerümpel zu erkennen. Und neunhundert Meter tief soll dieser See sein - so wird uns erklärt. Nach meinen Erfahrungen mit Tiefenangaben, könnten es dann vielleicht dreihundert Meter sein. Doch auch das erscheint mir übertrieben. Dreißig Meter wären auch schon enorm für diese Gegend. Laubbäume säumen das Ufer, sanfte, bewaldete Berghänge, eine Landschaft wie im Harz und mitten drin der blaue See.

Hier und da an den Wegen ringsum wird Basar abgehalten, Hoffnung auf kauflustige Touristen. Vor allem schafwollene Kleidungsstücke werden angeboten, schöne Pullover, Schals, Umhängetücher, alles aus leichter Wolle, außerdem Pelzmützen. Aber auf einmal ist keine Zeit mehr, um sich hier weiter umzusehen. Sicher hatte das alles Qualität, und vermutlich war es auch teuer. Und schon werden wir wieder zum Auto gebeten. Und weiter geht es bergauf, Richtung werchnjaja Balkaria. Der Berghang, an dem sich unsere Fahrtroute entlang schlängelt, wird immer schräger, immer steiler. Zuletzt ist dieser Hang tatsächlich fast senkrecht, geht steil nach oben und steil nach unten. Die Straße ist seitlich in den Fels gehauen mit teilweise rohen Tunneldurchbrüchen: Balkarskoje Utscholije.

Unterdessen ist es glühend heiß geworden. Die Zunge klebt am Gaumen. Bisher gab es keinerlei Imbiß. Wir selber hatten nicht vorsorgen können. Wir sind hier nur die Gäste. Jetzt gibt es erst mal einen Halt hinter dem Tunnel - engste Stelle dieser Talschlucht. Sie fällt direkt am Weg ohne Mauer oder Zaun im freien Fall ca. zweihundert Meter nach unten. Unten gurgelt der Fluß Tscherek. Sein Wasser ist schmutzig graugrün. Wie alle Kaukasusflüsse transportiert er intensiv Gletscherwasser und Lockergestein aus den Bergen. Der Kaukasus ist geologisch jung. Alles befindet sich noch in steter Bewegung. Die Berge steigen, das Wetter erodiert sie.

Der Fahrer holt Schaschlik aus dem Auto. Zum Trinken werden Gläser gereicht voll mit klarem Wässerchen. Das sieht erfrischend aus, ist aber, wie eine kurze Kostprobe zeigt, der pure Wodka. Auch das noch! Anderes gibt es nicht. Hier ist eben alles pure Gastfreundschaft. Und von den Hängen rieselt auch kein munteres Bächlein. Brot bekommen wir noch. Das ist nun gewissermaßen das Frühstück dieses Tages. Der Alkohol steigt schnell in den Kopf. Die Welt wird leicht und völlig unproblematisch. Angela und ich sitzen am Rande des Felsens hinunter in den Tscherek und lassen die Beine baumeln. Noch ein Wodka und ich drehe als Vogel meine Kreise zwischen den Berghängen. Eine Gruppe Touristen kommt vorbei gewandert. Dann geht es wieder zurück zum blauen See. Der Fahrer immerhin hatte nichts getrunken. Schon fünf Mal habe man ihm die Fahrerlaubnis entzogen wegen Trunkenheit am Steuer, so hören wir aber noch von ihm. Das soll nicht wieder vorkommen.

Für uns war dieser Ausflug nun offenbar genug Tourismus. Wir werden in eine weitläufige Gaststätte geführt. Dort werden wir bereits erwartet. In einem mit rosa Seide ausgeschlagenen Separee, das kein Fenster hat und mit künstlichem Licht beleuchtet wird, steht für uns ein Gedeck bereit. Eine Serviererin bringt die Speisen. Und der Fahrer bedient bei Tisch. Er ist offenbar so etwas wie der Hausdiener. Als erstes wurde „Airan" gereicht in besonderen, schönen Keramiktassen. Das war eine Art Fleischbrühe mit reichlich Knoblauch, fettig, verwandt mit dem georgischen Chaschi. Dazu reichte man Sahne. Es gab Tomaten, Brot und immer wieder Wodka.

Ralf war wohl etwas unvorsichtig gewesen und hatte schon etwas zu viel getrunken. Immerhin mußte er alles übersetzen, was hin und her geredet wurde. Er stieß mit der Zunge an und lallte am Ende nur noch. Ich versuchte mich zurück zu halten und griff zum Nachfüllen unauffällig nach der Flasche mit dem Mineralwasser. Doch auch darin befand sich Wodka. Der Anatoli beherrschte souverän diese dubiose Runde. Er sprach laufend seine Trinksprüche und forderte uns die unsrigen ab.

Angela wurde politisch und brachte Gorbatschow ins Gespräch. Ohne Gorbatschow wäre „das hier" nicht möglich gewesen, erwiderte Anatoli („diplomatisch"). Als ich bemerkte, es würde mich freuen, wenn eines Tages auch die DDR eine Sowjetrepublik würde, erwiderte der Gesundheitsminister nichts und schwieg recht deutlich. Das ging ihm dann wohl doch gegen den Strich. Hatte ich etwas Unziemliches geäußert? Sind wir eingemauerten DDR-Bürger nicht auch schon fast so etwas wie Sowjetmenschen?

So plätscherte die Zeit angenehm blödsinnig dahin. Im fortgeschrittenen Wodkadusel wurde es sogar für einen wie mich halbwegs erträglich. Dann wieder ins Auto. Der Fahrer, immer noch nüchtern, fuhr uns an einen Badesee, vermutlich ein angestauter Teich. 16:20 Uhr. Es ist noch immer drückend heiß. Einige Leute, Familien zumeist, tummeln sich hier ringsum in Badekleidung. Wir reden mit dem Fahrer. Doch zum Baden sei leider keine Zeit, so erfahren wir. Aber dann kommt Anatoli. Der kennt überall Leute, spricht mit denen und ist vermutlich hier und heute einfach nur „im Dienst", wie immer. Uns hat er dabei nur mitgenommen - und eine Wodkaflasche mehr eingepackt. Er geht etwas abseits, entkleidet sich und kühlt sich in den trüben Wassern ab. Das nutze ich und gehe auch einfach mal kurz ins Wasser (mit meinem eleganten „Minislip"). Sonst badet von uns keiner. Danach weist mir der Fahrer zum Umkleiden ein Holzviereck zu, wo es mich ekelt, denn der Boden dort dahinter scheint mir ein Gemisch aus Glasscherben und Fäkalien zu sein. Am Grillstand gibt es noch einmal Schaschlik. Dann wieder zurück zum Jeep. Er springt schlecht an. Schließlich aber rattert er wieder. Kühe auf der Fahrbahn - selbst auf stark befahrenen Straßen liegt breit das Rindvieh auf dem warmen, glatten Pflaster. Hier fühlt es sich offensichtlich wohl und reagiert nur träge und unwillig auf die Störungen durch den Autoverkehr. Über den hohen Bergen im Süden - Hauptkette des hohen Kaukasus - stehen mächtige Wolkenberge. Zu sehen gibt es dort nichts. Der Himmel bezieht sich - Gewitterstimmung.

18:00 Uhr sind wir wieder in unserer Naltschiker Unterkunft. Ralf fällt sofort ins Bett. Er ist tatsächlich „fertig" für heute, „abgefüllt" gewissermaßen. Ich mache noch einen einsamen Spaziergang über den Fluß. Der heißt ebenfalls „Naltschik" und ist angefüllt mit Kalkgestein - rund geschliffen. Hinter ihm kommt ein Badesee in den Blick. Über diesen führt eine Drahtseilbahn mit Gondeln irgendwohin in die bewaldeten Hügel weiter im Süden, Richtung Gebirge. Imbißstände stehen herum - Strand- und Badebetrieb. Ich gehe spazieren. Doch eigentlich suche ich einen Kiosk, der geöffnet hat, wo ich dann nämlich dieses Gesevzek-Heft kaufen kann oder anderes kartenähnliche Material. Da weiß ich noch nicht, daß ich auf der ganzen weiteren Reise keine Gelegenheit für einen solchen Einkauf finden werde.

Wir wissen auch immer noch nicht, wie es nun eigentlich weitergeht mit uns hier im am Rande des großen Kaukasus. Wir haben alles dabei: Zelt, Schlafsack, ausreichend Geld, Regensachen usw. Sogar eine „Wanderkarte" führe ich mit mir. Tatsächlich aber besteht dieselbe nur aus einigen Seiten Fotokopien der uralten englischen Freashfield-Karte von achtzehnhundertdunnemals. Reinhold hatte mir seine Fotokopie zur Verfügung gestellt. Und diese hatte ich noch einmal abfotografiert. Der Maßstab ist viel zu groß. Aber das Wichtigste ist darauf zu erkennen.

In Rußland gibt es offenbar keine Karten von den Gebirgen. Zumindest kann man die nicht einfach kaufen. Vielleicht ist das so ähnlich zu verstehen wie die andere Spurbreite der Eisenbahnen in diesem großen Land? Ein möglicher Angreifer soll sich nicht einfach eine Landkarte kaufen können, um damit dann das große Rußland problemlos zu überrollen?

Unsere Kraxen sind schwer. Privates, individuelles Wandern ist obendrein im Kaukasus - im Prinzip - verboten. Zudem haben wir bei uns auch nur diese sehr befristete Aufenthaltsgenehmigung für Naltschik und eine gültige, sowie polizeilich bestätigte Einladung nach Tbilissi. Wir wollen also von Naltschik nach Tbilissi und das möglichst zu Fuß über den „Hohen Kaukasus" hinweg und dort auch noch ein wenig „umher wandern" - „Bergwandern".

Nun wird es aber auch noch unruhig in dieser Gegend. Wie ist zur Zeit die politische Lage in Tbilissi? Wir wissen es nicht. Und eigentlich ist das neu für die Sowjetunion, daß es hier „politische Lagen" geben soll statt nur einen großen, völkerverständigenden Sowjetfrieden. Wir ignorieren daher auch die Bedenken in diese Richtung. Wowa, Reinholds Freund, wollte aus Tbilissi anrufen. Wir versuchten, Wowa in Tbilissi telefonisch zu erreichen. Doch es kommt keine Verbindung zu Stande. Schon von Moskau war es uns nicht möglich, mit Wowa zu telefonieren. Gulja und Ralf haben auch

Freunde in Tbilissi. Und dann wird auch noch von einem Aufruf zu einem Generalstreik in Tbilissi gemunkelt. Einfach unerhört ist das alles für sowjetische Verhältnisse! Etwas Genaues weiß niemand in unserer Runde. Wir konzentrieren uns nun auf folgende Varianten:

- Wenn alles schief geht, dann wollen wir mit dem Omnibus über Ordschonikidse auf der georgischen Heerstraße (Kreuzpaß) nach Tbilissi. Dorthin müssen wie unbedingt - wegen der Flugkarten zurück nach Moskau.

- Oder wir wandern tatsächlich über den Dongus-Orun-Paß nach Swanetien/Mestia und von dort dann mit dem Omnibus über Sugdidi nach Tbilissi.

- Wenn alles besonders gut läuft (und wir gut zu Fuß sind) dann von Mestia noch weiter über die Berge in Oberswanetien, über Uschguli, bis Kurort Schowi/Oni und von dort dann mit dem Bus nach Tbilissi (wie schon bei unser ersten Kaukasusreise).
- Vielleicht auch von Naltschik über den Mamissoni- oder besser Gesevzek-Paß (der vermutlich am Edena-Gletscher vorbei führt) direkt nach Kurort Schowi/Oni.

- Oder doch nicht erst noch nach Tbilissi, sondern direkt („irgendwie") zurück nach Moskau - oder auch („irgendwie") gleich wieder nach Hause in die anheimelnde DDR.

Alles ist noch offen - nichts mit „geplanter" Urlaub. Nicht einmal, was uns morgen erwartet, wissen wir. Doch ich wollte mit dieser Reise einmal mitten hinein in das „richtige Hochgebirge". Wird das noch etwas werden?

So in Gedanken wandere ich weiter durch diese sowjetische Erholungsgegend am Fuße der Kaukasuskette und überquere eine breitere Straße. Damit gerate ich in einen riesenhaft erscheinenden Kurkomplex, „Курорт". In diesem Areal sieht alles straff organisiert aus - der Sowjetmensch, der „neue Mensch", als gewaltiger Organisator. Die Leute hier, Kurgäste vermutlich, lungern ebenso straff organisiert herum, nämlich genau so, wie straff organisierte Menschen eben herum lungern - abkommandiert zur Erholung. Danach wieder abkommandiert zur Planerfüllung im örtlichen Sowchos. Dieses Eindruckes jedenfalls kann ich mich nicht erwehren - und nur fort. Die Leute, denen ich hier begegne, mustern mich auffallend argwöhnisch, sogar feindselig. Sie wittern den Fremden, den anderen, den, der nicht in ihre Kultur gehört. Aber ich bin doch fast schon ein Sowjetmensch? Die SU jedenfalls sei auch das Land der unbegrenzten Unmöglichkeiten, hatte ich vor kurzem irgendwo aufgeschnappt.

Über den Bergen weit im Süden lösen sich die Wolken wieder auf. Noch immer ist es fast unerträglich heiß. Ohne Ergebnis (Wanderkarte) spaziere ich zurück über den grau sprudelnden Fluß. Langsam kriecht die Dämmerung über dieses Land - fern im Osten Europas. Wir legen uns in unsere Betten, Angela und ich. Im Halbschlaf dann höre ich Stimmen. Leute kommen zu Gulja und Ralf. Ich stehe aber nicht auf. Ich schlafe jetzt. Und dann träume ich auch.

In einem von Reinholds Büchern hatte ich eine Schilderung von einem Besuch des Autors am Balkar-Tscherek gelesen:

S.40: Unter den Rädern fliegt die Straße dahin. Etwas huscht seitlich vorbei. Unser Wagen führt uns weg von der Kühle des Wassers, weg vom nassen Gras und den kleinen, unter den nackten Fußsohlen kalten Rollkieseln, die sich an den Ufern des Flüßchens angesammelt haben. Unmerklich hat sich der weite Blick zum Himmelsgewölbe zusammen geschnürt - nur mehr ein blaues Dreieck ist über uns sichtbar. Das Flüßchen kommt näher, das bewaldete Ufer wird steiler. Vorbei an einzelnen Häusern verlassen wir die Siedlungen mit spielenden Kindern und von der Hitze ermatteten Hunden, Hühnern und Kühen. Noch eine Siedlung - Babugent. Hier gabelt sich die Straße am Zusammenfluß der zwei Flüßchen, die den Tscherek bilden. Der rechte ist der Balkar-Tscherek, der linke der Besengi oder Chulam-Tscherek.
S.41: Nahe Babugent, auf dem Wege nach „Oberbalkarien", führt die Straße am „unteren himmelblauen See" vorüber. Er ist

nicht groß, ringsum dicht mit Bäumen umstanden, seine Uferwege sind von zahllosen Touristen festgetrampelt. Die Farbe des Seewassers ist erstaunlich. Noch erstaunlicher seine Transparenz: Noch weit in der Tiefe sind die senkrecht ins Wasser stürzenden Uferfelsen sichtbar. Kein einziger Bach mündet in diesen See, trotzdem hat er einen Abfluß. Die Natur zeigt uns hier ein Zauberkunststück. Der Wasserspiegel dehnt sich auf 2,5 Hektar, streckt sich etwas mehr als 200 Meter hin. Seine Tiefe jedoch ist 368 m! Dieser See ist der sechsttiefste See der Sowjetunion.

Ein anderer Text schreibt (L. Krenek, Unsere Kaukasusexpedition; aus „Frohes Schaffen", Deutscher Verlag für Jugend und Volk, Wien 1931, S.226):

Die größte Sehenswürdigkeit dieser Fahrt bot die Balkarschlucht. Auf eine Länge von mehreren Kilometern durchbricht dort der Tscherek eine vorgelagerte Gebirgskette. Viele gewaltige Felswände stürzen in einer Flucht zum tief eingeschnittenen Flußbett hinab. Hoch über diesem zog unser Sträßchen auf ungemein kühner Anlage dahin und vermittelte so eine Fülle eindrucksvoller Bilder. … Läge die Schlucht in Mitteleuropa, sie wäre das Ziel von Tausenden. So aber verirrt sich nur alle heiligen Zeiten mal ein Ausländer in dieses Gebiet.

Ankunft im Baksantal

12.08.89 Sa. 7:50 Uhr, der Himmel ist bedeckt, Nieselregen. Der sehr späte Besuch gestern Abend war vermutlich sogar durch uns verursacht worden. Wir hatten dem Wowa in Tbilissi die Adresse von Guljas Freundin in Naltschik mitgeteilt. Er sollte dort anrufen, kam aber ewig nicht durch. So schickte er ein Telegramm:

ТБИЛИСИ 10/8 КАРАВОЙ АННЕ ДЛЯ ТИЦЕ = ПУТИШЕСТВИЕ ГОРЫ ВОЗМОЖНО

НЕСКОЛКО ВАРИАНТОВ ЖДЕМ ТЕЛЕФОН СЛОЖЕН ОБНИМАЕМ ВОВА НИНА -

Ungefähre Übersetzung:
Tbilissi 10/8 (karawoj)? Anne für Tietze = Anreise durch Berge und Telefonieren sind möglich. Seid umarmt - Wowa und Nina

Unsere Entscheidungen werden damit nicht leichter. Wir überlegen, ob wir uns nicht doch lieber gleich eine Busfahrkarte nach Tbilissi über Ordschonikidse kaufen sollten. Dazu kommen wir aber gar nicht mehr. Denn auf einmal ist doch wieder alles geplant - und nur wir wissen nichts davon.

Ralf vermutet, es ginge zur Stadt Elbrus. Und dort würden wir dann an eine Touristengruppe angeschlossen werden, die vielleicht hinüber nach Georgien wandert. Unterdessen warten wir wieder auf das Auto. Es tut sich aber nichts, nur die Zeit verrinnt. Der Kiosk in der Nähe bleibt nach wie vor geschlossen. Ich erfahre schließlich noch, daß er überhaupt nicht mehr arbeitete - trotz der Auslagen in den Fenstern (Potemkinsche Dörfer?) - was hier herum womöglich gar keine Metapher ist?

Gegen zehn Uhr erscheint wieder der Jeep mit dem anderen Fahrer, der uns schon vom Flugplatz abgeholt hatte. Jetzt wird alles ins Auto gepackt. Mit unseren Kraxen wird es richtig voll. Damit geht es dann durch Naltschik zu Anatolis Haus. Er steigt zu und dann noch vorbei an verschiedenen Häusern, wo Anatoli noch kurz Bekannte besucht, dann aber „auf große Fahrt" Richtung Kaukasus, Elbrus, Baksantal!

20 km registriere ich am Tachometer bis zum Abzweig ins Baksantal. Tankstelle außerhalb des Ortes, 10:35 Uhr, tanken. Danach muß der Jeep wieder angeschoben werden, damit der Motor anspringt. Es ist schwül warm. Über uns glänzt matt eine blasse Sonne. Weiter geht es ca. 50 km durch flaches, trockenes Land, vorbei an verstreuten Ortschaften. Die ersten Berge tauchen auf. Das Tal des Baksan wird allmählich enger. Teilweise wird es sogar sehr eng. Ein frischer Erdrutsch muß von der Straße geräumt werden, bevor es weiter geht. An anderen Stellen ist die Straße kilometerweit in einem

so schlechten Zustand, daß selbst der Jeep nur im Schritt-Tempo gefahren werden kann. Die Fahrt zum Elbrus ist keine Kleinigkeit - obwohl diese Strecke von Linienbussen laufend bedient wird. Interessante Felsmassive sind zu sehen. Doch für ein Foto gibt es keine Gelegenheit, denn wir werden jetzt „transportiert". Kurzer Aufenthalt in Elbrus (ein Städtchen im Baksantal), doch gleich ging es weiter. Vermutlich gab es hier keinen Platz für uns als „ordentliche Unterkunft".

13:15 Uhr Rastplatz hinter dem Ort Tegenekli und dort eine Narsan-Quelle. So etwas kennen wir bereits von unserer ersten Kaukasusreise. Aus mehreren Leitungen wird dieses „Selterwasser" aus den Tiefen des Gebirges von der Kohlensäure heraus geschleudert - ein eingefaßter eisenbrauner Tümpel, Touristenbetrieb ringsum, eine Bar, eine Gaststätte. Der Brunnen nimmt sich einigermaßen winzig aus und bescheiden gegenüber dem ringsumher aufgebauten Treiben.

Ich vermute außerdem, daß diese Narsanquellen nicht von juvenilem Wasser gespeist werden, sondern daß lediglich das Gas, welches als Kohlendioxid aus den Tiefen dringt, das Grundwasser sättigt und durch seinen Druck (und das Geysir-Prinzip) mit heraus schleudert. Dabei wird dann vielleicht auch das eine oder andere Mineral gelöst, Eisenspat z.B. und anderes. Die Wasserqualität der Narsane dürfte sich danach unter hygienischem Gesichtspunkt kaum von den übrigen Quellwässern unterscheiden.

In der Gaststätte hier werden wir von Anatoli wieder zu einem kostenlosen Mittagessen eingeladen. Es gibt Airan, Brot und irgendein Gemüse. Danach geht die Fahrt im Jeep weiter, immer weiter das Baksantal hinauf - Teerstraße, viel Autobus-Verkehr, Kiefernwälder an der Straße wie im tiefsten Mecklenburg, flaches Land. Vom Gebirge ist wenig zu sehen. Doch vermutlich befindet es sich längst „über uns".

Überall begegnen wir Gruppen von Touristen, Einzeltouristen, Bergsteiger. Eine kleinere Gruppe winkt unserem Fahrer. Der fährt vorbei. Auf einmal schreit Gulja auf: „Das war doch Holsten!" Sogleich legt der Fahrer den Rückwärtsgang ein, tatsächlich: Vier Deutsche.

Diesen Holsten hatte ich schon im Winter getroffen bei diesem Besuch damals bei Ralf. Er ist Studienkollege von ihm. Ich halte mich etwas abseits, fotografiere aber die Begrüßung und wundere mich dabei, warum die alle so finstere Gesichter machen. Später erfahre ich, daß ihnen in der vorausgehenden Nacht zwei Kraxen gestohlen worden sind, die sie draußen vor ihrem Zelt hatten stehen lassen - allerdings innerhalb der Umzäunung einer Touristenunterkunft. Der Wirt hätte nachts den Hund bellen gehört.

Auch für uns ist das erst einmal eine besorgniserregende Nachricht, die unseren Unternehmungsgeist ziemlich dämpft. Es ist also wahr: Hier wird gestohlen und geraubt. Der „nichtorganisierte Tourist" hat dabei selbstredend die schlechtesten Karten. Das wissen auch diese Gauner sehr gut, zumal es sich bei den „Nichtorganisierten" dann auch meist noch um Ausländer handelt, von denen sie das meiste holen können. Zugleich versteht man mit dieser Geschichte, daß es bei „Organisation" in diesen Gegenden nicht nur um „Organisation" gehen muß, sondern auch um Schutz.

Die vier Deutschen wollen nun zur Polizei. Viel werden sie dort nicht ausrichten. Wir steigen wieder ein und fahren weiter. Hier und da stehen Sanddornbüsche am Weg. Doch nicht alles ist hier lieblich oder romantisch wie man es aus Büchern oder von Postkarten gewohnt ist. Die Stadt Tyrnyaus ist eine reine Bergbaustadt - grau in grau, improvisiert, häßlich. Doch auch die Natur selber gibt sich zum größten Teil grob und rauh, unfreundlich, abweisend.

Links Abbiegen auf guter Straße, Brücke über den Fluß Baksan, Halt bei der „Touristitscheskaja Gostinitza Tscheget", großes Touristenzentrum, Gaststätten, Hotels, Liftstationen. Bei einer Turbase hinter dem eingezäunten Markt (Rynok) führt Anatoli offenbar „Verhandlungen" für uns. Ich verstehe nichts. Aber der Jeep wird ausgeladen. Wir dürfen im Gebiet der Turbase hinter den Hütten unsere zwei kleinen Zelte aufbauen. Anatoli will am Montagabend wiederkommen. Wie es dann weiter geht, wissen wir immer noch nicht. Auch Ralf und Gulja sind sich nicht einig, wie lange sie hier bleiben wollen. Aber erst einmal sind wir da, „mitten im Kaukasus". Und nun soll es auch gleich losgehen.

Weil wir unsere Sachen nicht allein lassen wollen, losen wir, wer zuerst mit dem Lift fährt. Ich gewinne. Angela und ich stürzen auch gleich davon und erreichen den Lift gerade noch, bevor er Schluß macht, letzte Fahrt hinauf, offizieller Betrieb nur bis 15 Uhr.

Es ist angenehm, so mühelos nach oben zu schweben, Sessellift, verstreut Bäume auf dem Berghang unter uns, z.T. alte, dicke Kiefern, sattes Gras, Blumen. Von oben hören wir, wie die Grillen zirpen. Der Lift fährt nicht ganz auf den Gipfel, den wir vor uns sehen. Ein zweiter Lift schließt sich an. Doch der hat schon Schluß gemacht und reicht außerdem auch nicht bis ganz hinauf auf diesen Berg.

15:55 Uhr am Café Aj (balkarisch = Mond), schöner, flacher Rundbau auf einer Kuppe des Grates.

Wir fragen oben nach dem Namen des Berges, zu dem es hier hinauf geht. Es sei der „Dschikier", also der Tscheget, Azau-Chigit-Kara-Bashi. Die Elbrusgipfel, die man von hier aus im Westen sehen müßte, stecken in Wolken. Im Süden erhebt sich imposant eine mächtige Bergwand, ein gewaltiger mit Gletschern behangener Bergriese. Es ist der Dongus-Orun mit dem Gipfel Nakra. Tief unter diesem Gipfel ist eine gewaltige Gletscherzunge zu erkennen, dicht bedeckt mit grauem Geröll, welche mit ihren Seitenmoränen einen kleinen See aufstaut (Osero-Dongus-Orunkel). Nun also sind wir

endlich wirklich „oben in den Bergen", mitten im Hochgebirge. Ein Traum ist in Erfüllung gegangen - und wir sitzen im „Café".
17:15 Uhr. Wir sind wieder unten - und es gibt „Probleme". Ein rotes Auto steht bei unseren Zelten. Wir selber hatten noch gar nicht aufgebaut, aber Gulja und Ralf. Das Auto schaut aus wie ein Löschfahrzeug der Feuerwehr. Ein Herr in schwarzem Anzug (!) verhandelt mit dem Chef (?) der Turbase. Gulja rät uns beiden, wir sollten nicht sprechen - vor allem kein Deutsch, es ginge um unsere Zelte. Zeltaufbau sei hier verboten - na also, da haben wir es schon!

Dongus-Orun

Ich verkrümele mich gleich erst mal in den Wald und an den nahen Fluß, der hier auch Dongus-Orun heißt und von dessen Nordgletschern gespeist wird. Ein schwarzes Eichhörnchen turnt durch die Äste, ein kuckuckartiger Vogel äugt neugierig nach mir. Das rote Auto fährt ab mit dem Mann im schwarzen Anzug. Ich wandere zurück und erfahre nun, es sei „alles in Ordnung", und er habe uns Vieren einen schönen Urlaub gewünscht. Unser Anatoli ist eben tatsächlich ein großer „Natschalnik". Und nun haben auch wir mit dem Zeltaufbau zu tun. Es wird „ernst". Gulja und Ralf haben das etwas größere Zelt. Sie sollen darum in der Nacht die Kraxen mit ins Zelt nehmen. Das Wetter läßt sich gut an. Die Wolken verschwinden. Gulja und Ralf haben auch noch eine große Kiste mit Obst mitbekommen: Äpfel, Birnen, zwei Melonen, dazu noch Brot und Fleisch. Es wird für uns gesorgt. Nur mit den Wanderungen, die wir vorhaben, bleibt nach wie vor alles unklar. 20:45 Uhr: Einbruch der Dunkelheit (das muß ich mir merken für unsere hier noch möglichen Exkursionen).

In der Nacht trete ich mal aus dem Zelt: Über mir wölbt sich ein sternenübersäter Himmel. Im Mondschein sehe ich nun tatsächlich die Gipfel des großen Elbrus, wie sich ihre weiße Haube über die schwarzen Massen der tiefer liegenden Vorgipfel legt. Es ist ein mächtiger Bergriese - eigentlich sogar der höchste Berg Europas, wenn man die Grenze zwischen Asien und Europa genau entlang der kaukasischen Hauptkette zieht. Doch diese Betrachtungsweise bleibt einigermaßen unpopulär.

Eine romantische Stimmung jedoch will nicht aufkommen. Es ist Wochenende. Ringsum wird gefeiert - Krawall, Kotzen und Pinkeln bei unseren Zelten. Autos kommen an und fahren ab - unentwegt. Wir befinden uns also noch immer mitten in jener „Zivilisation", die weder Fisch noch Fleisch ist, die alles klein und häßlich werden läßt, selbst die Natur hier ringsum, wo sie doch am gewaltigsten und originalsten ist. Meine Träume bleiben Illusionen. Wir sind „da" - und doch zugleich ganz weit weg. Oder sind wir hier vielleicht noch nicht hoch genug?

13.08.89 So. Ich habe schlecht geschlafen. Das war zu erwarten. Es liegt nicht nur an der schon etwas dünnen Höhenluft. Hier unten tief im Tal befinden wir uns immerhin bereits in rund 2000 Metern Höhe.

Heute ist endlich „Exkursion" angesagt. Wie wir aber noch nicht wissen, wird es die erste und die letzte Bergwanderung von uns Vieren werden. Wir wollen hinauf zum Tscheget - und zuerst mit der Seilbahn.

9:20 Uhr, im Café Aj, wolkenloser Himmel, Kaukasuswetter, Sonnenbrandwetter. Ringsum tut sich für uns ein großes Bergpanorama auf. Mit dem Fernglas erkenne ich Leute hoch oben im Elbrussattel. Am Café treffen wir auch wieder den Russen von gestern. Er „wohnt" hier, so erzählt er uns, und warte auf Leute, mit denen er hinüber nach Swanetien wandern kann. Er will dann weiter nach Suchumi am Schwarzen Meer. Wir berichten ihm von unserer Situation. Über die derzeitige Lage in Swanetien erfahren wir jedoch nichts. Dann warten auf den zweiten Lift, der noch weiter hinauf führt. Angela und ich haben die Initiative. Die anderen beiden geben sich etwas unschlüssig. Bei Gulja wird die Stimmung zusehends schlechter. Irgendwas irritiert sie. Hoffentlich sind wir nicht die Ursache davon. Diese Sowjetmenschen (und bis vor einigen Jahren gehörte sie noch dazu) haben einfach eine andere Vorstellung von den Dingen. Doch der Ralf hält noch mit. Nach der letzten Liftstation in 3100 m geht es zu Fuß weiter.

10:55 Uhr. Wir befinden uns oberhalb der Liftstation. Vor uns erhebt sich der mächtige Berg „Dongus-Orun". Das Wetter ist schön. Noch keine Wolke zeigt sich am Himmel. Die Luft aber wird knapp - Herzklopfen, Schwindelgefühle. Langsam ziehen wir weiter aufwärts entlang des Norhanges - Serpentinen. Die Umgebung wird kahl und steinig. Überall breiten sich Geröllfelder aus.

11:30 Uhr, Blick auf Dongus-Orun- oder Nakra-Paß im Süden. Er bildet die Grenze nach Swanetien und ist hier in der Umgebung der niedrigste und meist begangene Übergang über die Hauptkette des Kaukasus. Das wollte ich mir ansehen, denn dort müssen wir vermutlich hinüber, wenn wir zu Fuß nach Georgien wollen. Im Fernrohr erkenne ich winzige Punkte auf den Schneefeldern. Sie bewegen sich langsam. Das können nur Leute sein. Von unserer kalten Nordseite her ist dort hinauf ein großes Schnee- oder Gletscherfeld zu ersteigen. Hinter dem Paß (und bereits in Georgien) erhebt sich ein mächtiger Schneegipfel (Gergildash, Shtavler?). Von hier aus peile ich diesen Paß in SW-Richtung an. Der Elbrus ist von dieser Stelle aus nicht zu sehen. Vom Zeltplatz aus befinden sich seine Gipfel ca. 20° westlich der Nordrichtung.

12:50 Uhr. Wir befinden uns jetzt auf dem „kleinen Tscheget". Bis zum eigentlichen Gipfel sollen es noch vier Stunden sein. Dorthin führt auch kein Touristenpfad mehr. Wir sehen aber Leute über Schnee gehen.

Bei meinem Fotoapparat ist wieder einmal der Film gerissen. Ich kann nicht zurück spulen. Dieses Gerät ist einfach zu alt und hat seine Mucken. Warum habe ich mir noch keinen neuen Apparat gekauft? Die letzten Aufnahmen gingen alle auf dasselbe Bild. Ich bitte Ralf, den nächsten Schwarzweißfilm von mir in seine Kamera einlegen zu dürfen. Es ist immer noch ausgezeichnete Sicht. Ich will daher den ganzen Film voll knipsen, Panoramaaufnahmen. Als ich dann den Film aus seiner Kamera wieder heraus nehme, merke ich, daß auch hier die Perforation eingerissen war. Es sind nur drei Bilder geworden, dann wurde nicht mehr weiter transportiert - also nicht der Apparat, sondern der Film? Ralf meint dazu nur, bei Schwarzweißfilmen sei das so üblich.

In Süden tauchen vereinzelt kleine Wolken auf.

14:00 Uhr, wir steigen wieder ab. Die Sonne brennt unbarmherzig. Ich habe mich gut eingehüllt, lange Hose, langärmliges Hemd, Sonnenhut aus dünnem Stoff und auf Gesicht und Lippen eine dicke, weiße Zinkoxidsalbe. Gulja (als studierte Medizinerin) sieht das anders. Sie macht sich ganz luftig. Ich warne sie, doch sie weiß es besser. Später dann in Leipzig berichtet mir der Ralf (unter der Hand), daß sie hernach tatsächlich einen schlimmen Sonnenbrand bekommen hatte.

Wieder unten an der Liftstation begegnen wir auch üppigen russischen Damen in schmalstem Bikini, die sich ostentativ der Sonne präsentieren.

Mittagessen (aus dem Rucksack) am Hang unter der Seilbahn. Wir wollen zu Fuß absteigen. Das war mein Vorschlag gewesen. Der war aber nicht gut, denn es wird ein sehr weiter Weg. Und ich will sogar noch weiter wandern, mindestens bis an den See (auch um dort den Weg zum Paß zu erkunden. Und wann kommt man schon mal in den Kaukasus? Die Leute am Lift wundern sich sehr, daß wir nicht mitfahren wollen, Damen in schmalen Schuhen, Damen, die sich hier oben im Badeanzug sonnten.

16:00 Uhr. Wir trennen uns von Gulja und Ralf. Ich möchte noch zum See. Sie wollen zu den Zelten. Gulja ist drahtig. Doch, wie gesagt, sie hat einfach keine Lust, kein Interesse für diese Berglauferei.

16:50 Uhr, und wir befinden uns am Abfluß des Dongus-Orun-Sees. Unterwegs trafen wir Deutsche, die einen Ferienplatz vom DDR-Reisebüro im großen Tscheget-Hotel haben und von dort dann immer Tagesausflüge z.T. mit dem Bus machen. Wir fragen uns, wie sie bei uns zu Hause in der DDR an eine derartige, schwer zu bekommende Reise gelangt sind. Das erfahren wir jedoch nicht. Sie berichten uns aber, daß der Perewal Dongus-Orun nicht schwierig sein könne. Und der Prijut dort, von dem sie soeben kommen, wäre ziemlich verwahrlost.

Dann stehen wir kurz am See, in dessen blauem Wasser eine gelbe Sedimentfahne ihre Spur zieht. Ein kleiner Sturzbach ergießt sich hinten in den See. Kühe spazieren auf dem flachen Schwemmlanddelta eines weiteren Zuflusses. Die ganze Südseite wird von einer Seitenmoräne des Dongus-Orun-Gletschers begrenzt. Diese ist rund zehn bis zwanzig Meter hoch. Von oben sah diese Moräne aus wie ein ebenmäßiger Wall aus Bahnschotter. Jetzt stehen wir vor einem Berg großer Steinbrocken, hinter denen der Gletscher langsam dahin fließt. Vor der Moräne strömt unten der Bach zu Tal. An seinem Ufer wandern wir stromabwärts. Ab und zu treffen wir auf feuchte Wiesen, muntere Bächlein von links und rechts, viele schöne Blumen. Zum ersten Mal bekommen wir eine Ahnung von der bunten Blütenvielfalt der Kaukasuswiesen - gelber Krokus, Enzian.

Der Heimweg wird beschwerlich. Statt auf Angela zu hören und den Berg wieder steil aufwärts zu klettern, als der Weg am Bach sich in Kuhgangeln verliert, versuche ich abzukürzen und wandere horizontal am Hang entlang. Das erweist sich als sehr anstrengend für die Fußgelenke, weil der Hang steil und das Gras darauf rutschig und uneben ist. Für Angela wird das stellenweise zur Tortur.

19:00 Uhr zurück bei den Zelten. Gulja und Ralf sind auch noch nicht lange da. Sie wollten ebenfalls abkürzen und sind durch einen Wald abgestiegen, wo sich Ralf, wie er später sagte, den Fuß verrenkt habe. Doch jetzt veranstalten wir erst mal ein Melonenessen. Überraschend erfahren wir dabei, daß der Anatoli heute schon wieder gekommen wäre und daß er nach einem anderen Quartier für uns suche - unschlüssiges Warten bis zur Dunkelheit. Dann werden wir von Gulja und Ralf aufgeklärt, daß sie heute ihren Hochzeitstag hätten. Sie leeren eine Flasche Sekt mit uns. Ringsum ist es ruhig. Fledermäuse huschen durch die Bäume. Die Tschechen, die gestern hier unter einem Bretterverschlag übernachteten, sind weiter gewandert. Ein altes Ehepaar baut den Bretterverschlag um in einen Bungalow.

14.08.89 Mo. 8 Uhr aufstehen. Wolken ziehen von Westen über den Himmel. Durch die Nachtkühle und den dabei gebildeten Tau im flachen Zelt ist der Schlafsack wieder ziemlich naß geworden. Dagegen müßte mal etwas getan werden von mir!

Wir wissen nicht, was tun, ob Anatoli noch kommt. Oder kommt er nicht? Deshalb können wir nicht einfach weggehen. Oder sollten wir doch etwas unternehmen? Wir lungern bei unseren Zelten. Zwei junge Männer schleichen herum. Schließlich werden wir von ihnen angesprochen. Sie bieten uns Eisschrauben an aus Titan. Neun Rubel sollen sie kosten. Woher haben sie die - geklaut womöglich? Ich lehne ab. Wir haben weder die Ausrüstung für so etwas, noch wüßte ich, was ich sonst damit soll. Das Geld aber könnten wir vielleicht noch anderweitig brauchen. Wir wollen ja auch nur wandern und nicht an Seilen hängend über Eiswände aufsteigen.

Uns war gesagt worden, im Hotel gäbe es einen Mann namens Josif Kochiani, der uns über unsere Möglichkeiten hier in den Bergen Auskunft geben könne. Dort hänge auch eine genaue Karte der Umgebung aus. Und so will ich dorthin gerade allein eine kleine Runde machen (wann kommt man schon mal wieder in den Kaukasus) - da kommt der Jeep angefahren.

Wir sollen alles einpacken, so hören wir als erstes. Das ist schnell getan, und gegen 9 Uhr geht es wieder bergab, ca. elf bis zwölf Kilometer zum Ort Elbrus und dort zur Turbase Andyrtschi, wo wir auf der Herfahrt schon einmal angehalten hatten.

Wir bekommen in einem Bungalow jeweils ein Zimmer mit drei Betten, Schrank, Tisch, Stuhl, Veranda. Die Tür läßt sich mit einem Sicherheitsschloß abschließen. (Später hören wir von Freund Wowa in Tiflis: „Wenn ihr in Andyrtschi untergekommen seid, dann müssen eure Freunde aber sehr gute Beziehungen gehabt haben!")

Unterdessen ist der Himmel wieder wolkenlos. Ich möchte noch etwas unternehmen. Zuerst nehme ich den Film aus Ralfs Kamera. Er war tatsächlich nicht mehr transportiert worden - Kameradefekt. Vielleicht konnte ich aber noch etwas retten unter der Bettdecke im abgedunkelten Zimmer?

Und jetzt sind wir hier richtige „Feriengäste", Urlauber mit eigener Unterkunft. Das Zelten gefiel unserem Gönner nicht so recht. Vielleicht war es ja sogar verboten. Aber wir werden nicht klug aus dem, was wir dazu zu hören bekamen.

Die Bungalowansiedlung liegt etwas erhöht über dem kleinen Fluß. Wir haben eine gute Übersicht über den Ort Elbrus. Er liegt in einem flachen Talbecken auf einer Schwemmlandebene. Auf einer erhöhten Schwemmlandfläche älteren Datums wurden Neubauten errichtet. Es sieht das alles überhaupt nicht romantisch aus, eher grau und industriemäßig nüchtern, prosaisch, wie eine Art improvisierte Bergarbeitersiedlung. Hinter dieser Neubausiedlung und über derselben öffnet sich ein mächtiger, V-förmiger Taleinschnitt in gewaltige, graugrüne Berghänge. Hinter uns (Südseite) befinden sich flachere bewaldete Hänge. In Westrichtung flußaufwärts leuchtet klein die Schneekappe des Dongus-Orun. Er bleibt der zentrale Gipfel auf allen unseren weiteren Wanderungen in diesem Tal. Man erblickt diesen markanten Berg immer wieder von den unterschiedlichsten Orten.

Wir begeben uns auf die Post, Telegram an Wowa abschicken, Kauf von bunten Ansichtskarten. Danach suchen wir nach einer geöffneten Kaufhalle. Auf meine Initiative hin begeben wir uns nach oben in die Neubausiedlung, weil ich da am ehesten so etwas erwarte. Dort sieht es reichlich „russisch" aus. Wir kennen das schließlich auch aus unserer Heimat, wenn es irgendwo „russisch" aussieht. Und wir finden tatsächlich eine Kaufhalle. Das Angebot ist mehr als bescheiden und erinnert mich sogleich an Rumänien. Immerhin bekommen wir Brot und Kefir, beides reichlich. Zwischen den Häusern lagern Kühe und fressen aus den Mülltonnen. Schweine sehen wir hier keine, an ihrer Stelle aber Schafe und Ziegen.

Zum Schchelda-Gletscher

Für den Nachmittag haben wir eine kleinere Wanderung vorgesehen. Man kann viel unternehmen, viel mit der Zeit anfangen, wenn man so unmittelbar im Gebirge ist. Das Wanderziel finde ich auf unserer doch schon recht antiquierten Freashfieldkarte: Der Schcheldagletscher.

Über eine Fußgängerbrücke kommen wir schnell zurück zum Quartier. Dort wird uns von Ralf eröffnet, daß er heute nicht mit uns wandern kann. Er habe sich gestern seinen Fuß verstaucht. Das klingt etwas wie eine Ausrede. Die Stimmung bei Gulja scheint wieder gedrückt zu sein. So gehen wir allein los, Angela und ich mit nur einer Kraxe, und erst um die Mittagszeit.

Zuerst geht es durch den Ort flußaufwärts - Brücke, Bushaltestelle, Tankstelle, Kaufhalle, dann Wald (Kiefern) und wieder eine Brücke. Rechts zweigt eine Teerstraße ab. Eine Hinweistafel zeigt an, wie es weiter geht:

0,3 km Turbase Adyl-Su,   2,7 km Turbase Schchelda,
3,2 km Turbase Elbrus,   6,5 km Turbase Dshantugan.

Alles das sind Alpinistenunterkünfte. Wir begeben zu einem Holztisch, an dem wir fast immer schon Touristen hocken sahen. Auch heute sitzen dort wieder welche. Wir gehen zu ihnen hin und sprechen sie an. Denn wir müssen unbedingt Informationen sammeln, woher sie gerade kommen, wohin sie weiter gehen, wie die Situation oben auf den Pässen ist und auch sonst so Verschiedenes. Ordentliche Wanderkarten gibt es nirgendwo, gab es auch nicht in Moskau. Darum sind wir auf Informationen angewiesen. Der Betscho-Paß, den wir favorisieren, wäre ganz einfach. Jemand von den Leuten berichtet uns, daß er erst letztens dort eine ganze Meute von Russen in leichter Sommerkleidung und mit Turnschuhen herüber kommen sah. Von einem anderen erfahren wir, daß am Betscho vor kurzem eine Frau in eine Gletscherspalte gestürzt sei und nur noch tot geborgen werden konnte. Wir sind also bestens informiert.

Wir gehen weiter die Asphaltstraße entlang und linker Hand hinauf in die Berge. Manchmal können wir auf einem Wald-Pfad die Serpentinen der Straße abkürzen. Links unten rauscht der Bergfluß Adyl-Su. Häufig begegnen uns Fahrzeuge, manchmal auch Spaziergänger. Im trocknen Wald lagern saubere braune Kühe und käuen gemächlich wieder. An einer Brücke kehren wir um und fragen dort zwei Alpinisten, die soeben von einer künstlichen Übungswand aus Holzbrettern herunter steigen. Sie sind ausgesprochen freundlich und weisen uns den Weg zum Gletscher. Ich möchte endlich einmal einen richtigen Gletscher sehen (und am besten auch anfassen). Der kürzeste Weg für uns müßte die Gletscherstirn des Schchelda-Gletschers sein. Dorthin wollen wir nun.

Es geht weiter direkt durch die Turbase Schchelda und dann an der rechten Talseite einen schmalen, romantischen Waldpfad langsam bergan. Links unten rauscht wieder ein unüberschreitbarer Fluß. Der Weg streckt sich. Wir haben zu tun. Ab und an begegnen uns Leute. Allein sind wir also nicht. Wir kommen vorbei an einer Hirtenhütte mit Wasserleitung. Der Wald wird schütterer und lichtet sich. Vom Gletscher ist noch nichts zu sehen. Doch weit hinten im Tal glänzt weißlich eine mächtige Bergwand: Der Schchelda mit den Schcheldatürmen. Von rechts stürzt ein Bach steil in einem engen Taleinschnitt herab. Erfrischendes, klares Bergwasser kommt herunter gerauscht.

Wir gelangen wieder an ein Wäldchen. Rechts vom Weg sehen wir Zelte darin stehen. Dann beginnen mächtige Steinbrocken den Weg zu säumen. An einem der größten - hausgroß - lese ich, daß sich hier im Jahre 1928 das Ende des Gletschers befand - konetz ledniki - mit weißer Farbe aufgepinselt. Das macht uns Mut - zum einen, weil der Gletscher dann nicht mehr weit sein kann und zum anderen, weil hier offenbar interessierte Menschen am Werk waren. „Mein erster Gletscher" also - endlich ist es soweit! Doch offensichtlich täuschen wir uns in der Entfernung. Angela erlaubt mir ab jetzt, voraus zu gehen. Im Tal, wo es nur vor und zurück gibt, dürfte man sich kaum verlaufen können - meine ich.

Ich eile voraus, ersteige die riesige Endmoräne von einst, und vor mir eröffnet sich meinen Augen eine Idylle. Auf einer großen, flachen Sandbank weiter links stehen zwei kleine Zelte, davor Gestänge mit Leinen, an denen Sachen zum Trocknen aufgehängt sind.

Ein Seitenarm des Gletscherbaches fließt ruhig in einem großen Bogen darum herum. Auf einem riesigen Stein liegen zwei junge Frauen im Bikini und sonnen sich. Ich eile schnell weiter. Viel Zeit haben wir nicht, denn wir wollen noch zeitig am Abend wieder zurück sein, weil Ralf angekündigt hat, daß sie gleich morgen ganz in der Frühe abreisen wollen. Danach sind wir allein. Vielleicht gibt es noch Wichtiges zu besprechen? Ich bilde mir ein, Angela, die nur etwa fünfzig Meter hinter mir kommt, noch weit unten am Fuß der

Moräne, wird auf diesem schönen, ruhigen Platz auf mich warten, bis ich wieder zurück komme. Aber da habe ich mich getäuscht. Obendrein erweist sich das Gletschervorfeld als ein riesiger Steingarten, ein Irrgarten gewissermaßen, denn einzelne Blöcke sind wieder haushoch, alles kreuz und quer verstreut.

In der Ferne erheben sich die „Schchelda-Türme"

Ich überhole einen Mann mit einem Kind. Es sind Deutsche. Und ich eile weiter. Die Zeit vergeht. Und noch immer habe ich nicht einmal die Hälfte bis zum Gletschertor zurückgelegt. Ich schaue auf die Uhr und überlege mir, daß es doch keinen Sinn macht, jetzt so weiter zu hasten. Die Zeit ist einfach zu kurz für eine so wichtige Sache. Ich halte ein und kehre dann um.

Vielleicht werde ich nie einem Gletscher direkt gegenüber stehen? Doch wann kommt man schon mal in den Kaukasus - die nächste Gelegenheit, wo ein Ostdeutscher diesen Eisgebilden begegnen kann! Ich weiß von unserer letzten Reise auch, wie schwierig das dann selbst hier vor Ort wird. Wir haben keine Bekannten, die uns da hilfreiche Informationen vermitteln könnten. Wir haben eigentlich nur unsere fotokopierte Freashfieldkarte aus dem neunzehnten Jahrhundert - immerhin etwas. Ich habe eine handliche Tasche aus gummiertem Stoff dafür genäht und trage sie jetzt bei mir in der schwarzen Gummijacke. Der Schchelda ist darauf gerade noch so zu erkennen, mehr nicht.

Doch nur um mir zu sagen, ich habe auch einmal wenigstens für eine kurze Minute lang an einem richtigen, großen Gletscher gestanden, ist mir das alles zu dumm. Und wenn es zu dumm wird, soll man solche Dinge lieber lassen. Sie vertragen keinerlei ungesunden Ehrgeiz oder hilflose Hektik. Also mache ich mich, etwas traurig zwar, wieder auf den Rückweg. Vielleicht können auch wir nicht hier oben in den Bergen bleiben und müssen mit Ralf und Gulja wieder zurück?

Hier und da treffe ich auf Steinmännlein, die dem verirrten Wanderer in diesem Labyrinth vermutlich den Weg weisen sollen. Als ich wieder vorn bei den Zelten ankomme, ist Angela nicht dort, wie ich vermutete, weil ihr offenbar gar nichts daran lag, unbedingt zum Gletscher zu kommen, komischer Männerehrgeiz. Frauen kennen so etwas nicht. Doch wo ist sie? Warum bin ich ihr nicht begegnet?

Ich spreche eine der beiden Frauen an. Sie versteht mich jedoch nicht. Mir ist, als wäre sie eine Rumänin. Eine andere Frau jedoch ist Deutsche. Sie sagt, daß die Angela mir gefolgt sei. Ich steige auf eine Anhöhe. Angela ist nirgends zu sehen. Sie ist weg, einfach weg, verschwunden, verloren gegangen im riesigen Kaukasus? Erst jetzt wird mir klar, daß ich einen groben Fehler gemacht hatte: Keine Absprache und narrensicher, dafür eine einsame Entscheidung. Das war grundfalsch - hier oben im wilden Gebirge, welches wir überhaupt nicht kennen.

„Ende der Zunge des Gletschers 1928"

Angela wird mich also beim Gletschertor suchen und vermutlich solange, bis sie mich findet. Versprochen haben wir, 18 Uhr wieder in der Turbase zu sein. Was nun?

Da nützt nun auch meine Signalpfeife wenig. Ihr Ton geht einfach unter im Getöse des Gletscherbaches zur linken. Wir hatten durchaus damit gerechnet, uns aus den Augen zu verlieren und für diesen Fall Signale vereinbart: Einmal pfeifen: Hier bin ich, wo bist du? Zweimal pfeifen: Bitte kommen! Dreimal pfeifen: Ich komme. Sechsmal pfeifen: Notsignal, dringende Hilfe wird benötigt.

Also muß ich mich doch wieder Richtung Gletschertor bewegen. Erst jetzt bemerke ich, daß es tatsächlich ein Labyrinth ist, durch das ich mich bewege. Es gibt nicht nur einen Weg zwischen diesen massigen Steinen. Ich mache einen Dauerlauf und springe, wo es möglich ist, wie eine Gemse von Stein zu Stein, um möglichst viel Überblick zu bekommen. Das wird nun auch noch halsbrecherisch. Sollte ich solcherart nun doch noch bis an das Gletschermaul gelangen? Von Angela ist keine Spur zu sehen. Sie ist vermutlich nun auch schneller geworden.

Bergsteiger kommen mir entgegen. Seltsamerweise sind auch sie niemandem begegnet. Endlich gibt mir einer von ihnen eine positive Auskunft. Nur gut, daß das Wetter wenigstens so schön ist! Undenkbar, wenn jetzt auch noch eine Nebelwolke durch das Tal herunter zöge!

Endlich erblicke ich von einem hohen Stein in der Ferne meine liebe Frau geruhsam dahin wandeln. Sie wandert wie versonnen immer weiter und ist schon fast am Eisrand. Etwas näher zu mir steht der Deutsche mit Kind, den ich anfangs getroffen hatte. Jetzt pfeife laut auf meiner Trillerpfeife. Es hört mich jemand, ein Fremder - Angela jedoch nicht. Ich gebe Zeichen. Der fremde Mann weiß auch sofort, warum und wozu. In den Bergen ganz oben gibt es keine dummen oder begriffsstutzigen Menschen. Er hatte auch schon mit Angela gesprochen - jedoch nicht beobachtet, daß ich längst wieder auf dem Rückweg war. Er ruft nun seinerseits nach meiner Frau. Sie hört ihn und kehrt langsam um - auch etwas verwundert.

„Ich renne doch nicht wie armer Leute Kind zu einem Gletscher", muß ich ihr erklären - außer Atem und auch etwas ärgerlich über mein eigenes Versagen und die Fehleinschätzungen - doch auch gleich wieder sehr beruhigt. Dabei lerne ich, wie hier oben der Ärger kommt und auch gleich wieder verschwindet, echtes Leben also. Denn alles hat seinen Sinn - auch Angst und Ärger. Auch das ist ungewohnt zu erleben - für uns von einer übermächtigen Zivilisation längst verkrüppelte Wesen. Wir wissen das nur nicht mehr. Es gibt tatsächlich noch eine andere Welt ...

Angela war einen ganz anderen Weg gegangen als ich, hatte dabei eine „Höhle" entdeckt - eine mächtige Kammer unter einem riesigen Felsbrocken, mit Brunnen und Feuerstelle - auch eine Art Unterkunft. Wir waren tatsächlich nur wenige Meter aneinander vorbei gelaufen. Das Leben in den Bergen birgt eigentümliche Gefahren. Kommt eines dann noch zum andern, kann es auch einmal wirklich schlimm ausgehen.

Wir rasten kurz. Angela erzählt mir von den Leuten am See. Sie machen dort Urlaub, arbeiten sonst im Atominstitut Dubna bei Moskau - sowjetisches Kernenergiezentrum - beneidenswert. Und warum können wir nicht hier oben so einfach am Gletscher leben und Urlaub machen, warum können und konnten wir das nie? Später erfahre ich noch, daß sich in Andyrtschi eine Zweigstelle der sowjetischen Kernforschung befindet. Auch Gerüchte hat sie bei der Frau aus Dubna gehört. In Tbilissi soll morgen ein Generalstreik stattfinden. Wie das? Wieso wird in der großen Sowjetunion gestreikt, wo doch die Arbeiterklasse an der Macht ist? Und in Mestia, wo wir hin wollen, seien vor kurzem sieben Leute erschossen worden. Es gäbe dort Kämpfe zwischen Oberswanen und Unterswanen.

Das alles sind gar keine guten Nachrichten, die wir hier nun zu hören bekommen. Was tun? (- sprach Lenin.)

Es ist 17:15 Uhr als wir uns zum schnellen Abmarsch entschließen. In den Bergen ist eine zuverlässige Uhr sehr nützlich. Man kann sich damit weit besser die Zeit einteilen und so vor allem vermeiden, daß man in die Dunkelheit gerät - in der Finsternis in einem unbekannten, unwegsamen Gelände! 19:15 Uhr sind wir in der Turbase. Abwärts läuft es sich schneller.

In der Alpinistenbasis Schchelda, entdecke ich noch eine bronzene Glocke mittlerer Größe an einem Baum aufgehängt - offensichtlich eine Kirchenglocke. Es bewegt mich dann recht eigenartig, als ich ringsherum auf ihr die deutsche Aufschrift lese: „Kommt her zu mir alle, die ihr mühselig und beladen seid." Was für eine Geschichte mag diese Glocke hinter sich haben, bis sie hier in den Bergen landete und nun vielleicht die sowjetischen Alpinisten zum Frühstück rufen darf? Die Leute allerdings, die hier in der Turbase herum lungern, machen allesamt keinen guten bzw. zünftigen Eindruck. So vermag ich mich noch immer nicht der Vorstellung zu erwehren, daß die braven Sowjetmenschen auch zur Erholung zwangsversetzt werden.

Daran mag einiges Wahre sein, denke ich mal. Es ging den meisten Russen auch jetzt in ihrem Kommunismus einfach so, wie es ihnen immer ging: „Man" steuerte sie in Sachen hinein, über die sie sich kein eigenes Urteil zu bilden hatten. Sie hatten immer nur zu kuschen und lebten unter dieser Kultur der Knute ein eigenes, bescheidenes, ewig duldsames Leben - obrigkeitstreu, aber zähe.

Wir eilen weiter. Wir müssen noch zeitig genug zurück sein. Gulja und Ralf treffen wir in der Stolowaja (Essensraum). Wir bekommen ebenfalls eine Abendportion. Aber es bleibt unklar, wie das nun hier mit der Bezahlung wird. Irgendwann sollen wir Essenmarken kaufen. Dort jedoch ist die entsprechende Person, die das bewerkstelligt, nie anzutreffen.

Angela vor der Gletscherstirn

Und am Ende bezahlen wir überhaupt nichts, essen aber auch nur noch zweimal dort. Es ist eben so, so sagen wir uns - und nur nicht zu viele „deutsche" Fragen stellen. Und womöglich ist das alles ja einfach auch nur „der Kommunismus"?

Von Gulja und Ralf werden wir mit der Ankündigung überrascht, daß sie morgen früh abreisen wollen, ganz zeitig mit dem Bus gleich bis Mineralni Wodi. Dort wollen sie dann versuchen, einen Platz im Flugzeug nach Aschchabad zu bekommen. Das wirft auch für uns neue Fragen auf. Und wieder ist alles unklar. Es heißt nur, wir könnten hier in Andyrtschi bleiben so lange wie wir wollen.

Und schlecht ist es hier ja auch nicht. Es gibt einen Duschraum (geöffnet von 14 bis 18 Uhr), Waschraum, Toilette. Abends plärrt immer dasselbe Tonband eine Serie von Liedern. Die Entscheidung liegt nur an uns. Vielleicht können wir uns hier ja auch richtig dem Lagerleben anschließen?

20:20 Uhr, nach einer Woche der Unrast also zum ersten Mal Ruhe und Muße! Das ist auch etwas wert. Die Welt kann so einfach sein, wenn sie nicht so kompliziert wäre. Bisher war immer etwas im Gange, immer waren wir auf dem Sprung, immer standen wir vor einer großen Reise oder vor vielen Ungewißheiten. Jetzt ist Gewißheit eingetreten - Ruhe, Stille. Das Essen war gut - Kartoffelbrei, Gurkenscheiben, Klops, Brot, Biskuit, Tee, Zucker, Butter, Käse, dazu allerdings ein leichter Geruch von Chlorkalk, der Speiseraum sauber, reichlich Bedienung.

15.08.89 Di. In der Nacht hatte es ein Gewitter gegeben. Wie vereinbart hatten uns Gulja und Ralf früh zeitig geweckt. Dann sind sie abgereist.

Es ist 6 Uhr morgens. Und es klart auf. Draußen findet ein Morgenappell statt. Wir sind unschlüssig. Trotzdem wollen wir etwas unternehmen, am besten gleich noch mal zum Gletscher. Dort brauchen wir keine Fernsicht. Vorher aber wollen wir noch zur Post, Telegramm an Wowa mit unserer gegenwärtigen Anschrift.

10:45 Uhr, es regnet schon wieder. Und tief in den Bergen grummelt es. Abmarsch.

14:15 Uhr, wir haben die Zelte oben im Tal erreicht. Diesmal sieht es hier trist aus. Der Himmel ist grau. Von den Bäumen tropft es. Die Leute haben Pilze gesammelt. Sie lümmeln in den Zelten, die mir recht praktisch erscheinen. Ist Zelten hier überhaupt „erlaubt"?

Wir haben die Grotte erreicht, die Angela gestern entdeckt hatte. Es regnet jetzt ziemlich stark. Wir stellen uns in der Grotte unter. Die Grotte verdankt ihre Existenz einem riesigen Steinblock, der auf anderen Steinen ruht, deren Füße unten mit Schwemmsand angefüllt sind. Diese Grotte scheint allgemein genutzt zu werden, denn Tüten mit irgendwelchen Suppenmischungen liegen herum, massenhaft alte Batterien, Kerzenstummel, Flaschen, ein kleiner Tisch. Der Brunnen - über einen Meter tief in den Sand zwischen die Steine gegraben - führt kein Wasser. Es regnet unaufhörlich, was tun?

Wir beschließen, erst mal noch zu warten. Ab und an zuckt ein Blitz. Und es kracht sogleich. Lange rollt der Donner durch das Tal, reflektiert sich an den Bergwänden und kommt zurück. Wasserfäden rinnen am Gestein herab. Wanderer kommen vorbei Doch sie sehen uns nicht, denn sie sind damit beschäftigt, auf die Steine zu achten, wo sie hintreten.

Schließlich läßt der Regen nach. Wir beschließen, weiter vorzudringen. Der Himmel ist noch immer grau. Die Häupter der Berge sind in den Wolken verschwunden. Es wird immer schwieriger. Bis ganz an die Gletscherstirn kommen wir nicht heran, wollen es auch nicht. Überall ringsum erheben sich Eissäulen, die - wie wir meinen - jeden Moment umstürzen könnten. Ab und an rutscht scheppernd und klirrend ein Stein von ihnen herunter. Unten gurgelt das Wasser aus dem großen Gletschermaul. Und es wird immer mehr, es steigt. Es ist beängstigend, wie es dort heraus schießt. Es zerteilt sich in viele Arme, in denen dumpf knallend Steine von beachtlicher Größe dahin poltern. Ich könnte sie nicht tragen - das Wasser kann es. Eigentlich ist das ganze Gebiet ein einziger Sturzbach. Die Steine sind die Inseln darin. Es scheint obendrein alles in Bewegung zu sein, und uns umgibt ein entsprechend entnervender Lärm - Dröhnen, Krachen, Tosen. Das Wasser ist braun gefärbt - Lehmwasser. Wo es zur Ruhe kommt, wird es jedoch schnell glasklar. Eisstücke, klares, durchsichtiges Eis, kommen angeschwommen. Wo die Gletscherstirn frisch eingestürzt ist, leuchtet das Eis blaugrün.

Mehr ist nicht drin heute und hier. Es hat keinen Sinn, weiter vordringen zu wollen. Viel mehr gibt es hier nicht zu sehen, und es würde immer gefährlicher. An einer Stelle werfe ich Steine von 20 bis 40 kg Gewicht in das Wasser, um darauf vielleicht die Strömung überwinden zu können. Sie werden vom Wasser weggerissen wie ein leichter Tennisball. Und auch die Zeit drängt zur Umkehr. Es beginnt auch schon wieder zu nieseln. 16:45 Uhr, Abmarsch vom Gletscher. 20:05 Uhr, Ankunft in der Turbase.

Wir gehen in die Stolowaja, bekommen dort aber nichts mehr, weil die Chefin nicht da ist, die uns kennt. Das stört uns aber nicht weiter, im Gegenteil. Wir lieben keine unklaren Verhältnisse. Im Wald gibt es übrigens massenhaft Pilze. Man muß sie nicht erst lange suchen, man findet sie im Vorbeigehen. Hier aber können wir nichts anfangen mit ihnen.

Zum Prijut 11 - Elbrus

16.08.89 Mi. 5:45 Uhr, aufstehen - Morgendämmerung, klarer Himmel. Wir gehen gleich los, laufen zur Omnibushaltestelle und fahren bis Tereskol. Dann wandern wir bis zur Talstation des Kabinenliftes. 8:05 Uhr sind wir an der Staniza Asau, 2300 m, Sonne. Wattige Wolken schweben in ca. 3000 m Höhe über uns. Leute sammeln sich. Wir warten auf die erste Gondel. 9:45 Uhr und wir haben die Station „Mir" (3500 m) erreicht - zweite und letzte Bergstation. Weiter hinauf führt ein Sessellift bis zur Station Gara Baschi. Angeblich aber fährt dieser Sessellift heute nicht. So machen wir uns zu Fuß auf, zu Fuß auf den Elbrus, auf den höchsten Berg des Kaukasus. Vielleicht schaffen wir es, daß wir heute noch bis zum Prijut Odinatzatij kommen - „höchstes Hotel in der ganzen Sowjetunion"?

Der Name „Elbrus" soll aus einer Sprache der Einheimischen stammen. Er bedeute „Mädchenbusen" (vielleicht weil er mit seinen zwei Gipfeln aus der Ferne so aussieht). Er soll auch der Sitz des heiligen Vogels Simurg sein, der mit einem Auge in die Zukunft, mit dem anderen in die Vergangenheit schaut. Es gibt aber auch noch andere Namen für den doppelgipfligen Elbrus:

Karadtschaier: Mingi-Tau	=	weißer Berg
Abchasen: Orfi-Itbu	=	Berg der Seligen
Tscherkessen: Asch-Gamacho	=	Berg des Morgens
Georgier: Jalbuz	=	Schneemähne
Dshin- Padischacha	=	Herr der Berggeister
Kuska-Maf	=	Glückbringender Berg

Die erste registrierte Besteigung des Elbrus durch den Karbadiner Killar Haschirow soll am 22. Juni 1829 stattgefunden haben.

1868 Besteigung durch die Engländer Freashfield, Moor, Tucker. Damit wurde der Elbrus dann vermutlich auch international bekannter und der ganze hohe Kaukasus überhaupt.

Die vulkanische Natur dieses Berges ist nicht zu übersehen: Rotschwarzes Gestein - rot und schwarz ineinander gemengt wie Schlacke. Es knirscht unter den harten Sohlen unserer Bergschuhe - bizarre Felsen, glasige, gebogene Steinfragmente. Wir wandern jetzt auf einem breiten, geschotterten Fahrweg hinauf, rechts die auslaufenden

Gletscherzungen der riesigen Gipfeleishaube. Vermutlich handelt es sich hier um den sogenannten „Traktorenweg", auf dem man dereinst vielleicht das Material für den Bau des „Elbrus-Hotels" hinauf gebracht hat.

11 Uhr, die obere Liftstation ist erreicht. Hier befindet sich ein Hüttenkomplex. Bei den einzelnen „Hütten" handelt es sich aller-

dings um runde, zylindrische Kessel - so wie die Kesselwagen bei der Eisenbahn, nur etwas größer. Wer weiß, aus welcher Industrieproduktion sie dereinst zweckentfremdet wurden? Ich glaube mich zu erinnern, daß sie rot angestrichen waren.

Jetzt arbeitet der Sessellift, und Skifahrer kommen mit ihm heraufgefahren. Wir gehen in einen Bungalow. Niemand ist da. Angela gießt sich aus einem großen Vorratsglas ein Glas Pfirsichnektar ein. Wir wollen noch weiter. Ab jetzt geht es nur noch über Eis. Wir kommen nur langsam voran. Die Sonne gleißt. Der Schnee blendet. Vorsichtshalber setzen wir sogleich unsere „Schneebrillen" auf. Dabei handelt es sich allerdings um Schutzbrillen für die UV-Lampen daheim - extrem dunkle Gläser und auf simpelste Weise in eine braune Folie aus Kunststoff gefaßt, hinten von einem Gummifaden am Kopf gehalten. In dieser blendenden Helle ringsum können wir genug sehen, sobald sich die Augen an die Brille gewöhnt haben. Zum Fotografieren oder Umschauen nehmen wir sie kurzzeitig wieder ab. Diese Brillen bewähren sich hier. Man sollte sie für solche Touren immer bei sich haben.

13:00 Uhr. Wir sind am „Prijut Odinatzatij" angekommen. Es ist die höchste Stelle, die ich jemals zu Fuß erreicht habe - oder doch „fast" zu Fuß. Angela ist dabei. Man sagt, dieser Prijut liege 4200 m hoch. Bis zu den beiden Elbrusgipfeln (5642 m hoch ist der höchste) sind es demnach noch 1440 m Höhenunterschied.

Aus der verkürzten Perspektive, in der wir von hier aus hinauf sehen können, erscheinen die beiden Gipfel zum Greifen nahe - man brauchte einfach nur weiter zu gehen. Doch bei der dünnen Luft hier oben ist es noch ein gewaltiger Anstieg. Je nach Kondition und Akklimatisierung rechnet man von hier aus sechs bis zehn Stunden für einen Aufstieg.

Etliche Leute sind unterwegs nach oben. Gipfel, Sattel, die Pastorow-Felsen sind deutlich zu sehen. Erst wenn man die Elbrusgipfel von anderen Standpunkten der hohen Berge und Pässe ringsum betrachtet, sieht man nur zu deutlich, wie dieser „Prijut-11" fast noch ganz unten an diesem gewaltigen Bergmassiv klebt und daß man noch eine beachtliche Höhe zu ersteigen hat.

Heute strahlen die Elbrusgipfel blendend weiß aus dem blauen Himmelsgewölbe. Die übrigen Berge der kaukasischen Hauptkette sind zumeist hinter Sommerwolken versteckt. Wir sind also „ganz oben" angekommen - „fast ganz oben".

An der „Hütte", die wie ein riesenhafter Omnibus aussieht - runde Kanten, alles mit glänzenden Aluminium verkleidet - spazieren viele Leute herum. Vor dem Eingang riecht es stark nach Urin. Ein Pistenfahrzeug steht herum. Etwas unterhalb dieses Berghotels sind die Grundmauern eines älteren Gebäudes zu erkennen von ähnlicher Form. Das dunkle Gestein, welches hier überall durch die Schneedecke bricht, ist heiß geworden in der Sonne. Etwas oberhalb der Hütte hat sich Angela in diesen Felsen einen Ruheplatz gesucht und raucht. Ich wandere umher, begebe mich dann auf die Spur zum Gipfel und steige noch ca. 200 m bergauf. Das erweist sich tatsächlich als anstrengend. Der Atem geht schwer. Doch man könnte es schaffen, bis auf die Gipfel hinauf zu kommen. In den Bergen schafft man alles, wenn man nur die Zeit dafür hat. Das ist meine Erfahrung bisher. Haben wir die Zeit? Jetzt haben wir erst mal wieder unseren Zcitplan und wollen die letzte Gondel nach unten noch erwischen. Diese soll 15 Uhr oder 16 Uhr abgehen. Schwindelgefühl hat sich bei mir eingestellt, leichte Kopfschmerzen. Aber sonst fühle ich mich wohl.

Vor dem Eingang des Prijut lungern zwei junge Deutsche aus Dresden. Sie wollen auf den Gipfel hinauf, haben aber „keine Genehmigung" dazu. Die braucht man nämlich auch noch, wie wir jetzt erfahren. Sie wissen auch noch nicht, ob und wo sie hier oben übernachten können. Offenbar gehören sie wie wir zu den Wanderern, die aufs Geratewohl im Kaukasus sind - wie wir unterdessen auch. Das macht sie uns sympathisch.

Im Prijut verkauft uns ein Mann Abzeichen. Doch Wanderkarten für die Umgebung kann man auch hier nicht bekommen. Der Mann, der uns diese Sachen verkauft, hat fast schwarz verbrannte Hände, vielleicht von der heißen Sonne hier oben? Auf mich macht er den Eindruck, als sei er auch derjenige, der immer die Leichen vom Gipfel holt. Der Weg hinauf auf die Bergspitzen ist noch hoch und weit - immer bergauf und alles in dünner Luft. Vor kurzem sei ein Bulgare (57 Jahre alt) dem Herzschlag erlegen. Und am Westgipfel, so hören wir auch noch, seien kürzlich etliche Westdeutsche abgestürzt.

Als wir mit dem Abstieg beginnen, sind fast alles Touristen schon wieder verschwunden. Doch es kommen uns noch etliche Leute entgegen. Diese Unterkunft wird voll werden. Um schneller hinunter zu kommen, lassen wir uns an den Bodenwellen auf unseren Isoliermatten stückweise abwärts gleiten. Doch der Schnee ist eigentlich zu pappig dazu.

14:45 Uhr, wir befinden uns wieder an der Station Mir. Viele Leute warten auf die Gondel hinab. Der Abstieg ging schnell. In der Kamera ist wieder der Film gerissen. Die Wolken heben sich. Jetzt sind Dongus-Orun und Nakra-Tau zu sehen. Bei klarer Sicht kann man von hier oben auch den doppelgipfligen Uschba betrachten. Wir hatten diesen Berg auch schon vom Tscheget aus gesehen.

15:30 Uhr, Talstation, pro Person und Station 1,20 Rubel. Jetzt geht es zu Fuß weiter. Am Hotel Tscheget wird grade ein Markt abgehalten - Pfirsiche, Paprika, Äpfel, Birnen. Doch alles das ist ziemlich teuer. Ein Pullover aus Schafwolle kostet sechzig bis siebzig Rubel. Wir hätten also rund zweihundert Ostmark dafür auszugeben. Das ist viel Geld für uns. Gegen 18 Uhr befinden wir uns wieder in der Unterkunft. Ein Omnibus nahm uns unentgeltlich mit, dazu noch vier deutsche Bergsteiger. Diese wollten nach Mineralni Wody.

So sind wir jedenfalls gleich mal „am" Elbrus gewesen, bevor uns irgendwelche Unwägbarkeiten aus dieser kaukasischen Idylle womöglich wieder verscheuchen. Darauf kam es mir an. Nun könnten wir überlegen, ob wir auch den Gipfel ersteigen.

Das sieht zunächst einmal recht einfach aus, und ist es vermutlich zumeist auch. Doch unterschätzen sollte man solche Aktionen darum nicht, denn es kann auch anders kommen:

L. Krenek, Unsere Kaukasusexpedition (aus „Frohes Schaffen", Deutscher Verlag für Jugend und Volk, Wien 1931, S.221)
… Im Sommer 1930 glückte es einige jungen Bergsteigern, die vielen Hindernisse, die sich einer Kaukasusreise entgegenstellen, zu überwinden.
… Trotzdem erreichte die erste Gruppe an diesem Tag noch die Höhe von 5100 Meter und bezog dort ein Freilager. Am Morgen des dritten Tages aber standen die fünf Ersten, ganz wie wir es erhofft hatten, auf dem Gipfel des Elbrus, auf der höchsten Zinne des Kaukasus! Der kühne Plan war gelungen!

… Im Abstieg, nicht weit unterhalb des Gipfels glitt einer der Teilnehmer, Heinrich Fuchs, auf einem Eishang aus und fiel so unglücklich, daß er zerschmettert liegen blieb. Unfaßbar, wie das Unglück geschehen konnte. Fuchs war einer der allerbesten, ein wirklich erfahrener und tüchtiger Bergsteiger.
… Aber noch eine zweite Unglücksbotschaft brachte die erste Gruppe mit: Der Expeditionsleiter Fritz Kolb war verschollen!

Im plötzlich herein brechenden Nebel und Sturm hatte er - noch vor dem Unglück - die vor ihm Absteigenden verloren und war nicht wieder zu ihnen gestoßen. Was mochte in dem fürchterlichen Unwetter sein Schicksal sein?

… Ohne Pickel, ohne Steigeisen erzwang er in zwei Tagen einen Abstieg durch die gewaltigen, noch nie von Menschen betretenen Eisbrüche der Elbrusnordflanke. Fast drei Tage mußte er ohne Essen ausharren, bis er endlich auf die Hütte eines Hirten traf.

Im Tal des Irik

17.08.89 Do. 9:10 Uhr. Wir haben lange geschlafen. Die Wolken über den Bergen lösen sich langsam auf. Im Lager ist viel Radau. Das scheinen hier so ziemlich alles „Verlegenheitstouristen" zu sein, die ebenso gut an jedem anderen Platz genau so hätten Urlaub machen können. Laute Musik röhrt aus dem Lautsprecher. Vor unserem Fenster findet ein Appell statt bzw. eine Versammlung. Der Waschraum erweist sich als fragwürdig. Ich wage es nicht, mir dort meine Unterhose herunter zu ziehen, wo die Russen so wohlgesittet sind. Außerdem ist der Waschraum zugleich das Bügelzimmer. Ich treffe hier auch Leute in Hemd und Pullover.

Die Toiletten sind sauber. Sie befinden sich in einem Schuppen mit neun Abteilen ohne Türen davor, keine Toilettenbecken, nur „Abtritte". Man sollte zielen können - eine Kunst, die der Germane mangels Übung nicht so gut beherrscht - viele Russen aber auch nicht. Aus einem Röhrensystem gurgelt unregelmäßig Wasser wie aus einer Narsanquelle und spritzt ab und zu bis an die gegenüberliegende Wand. Aber Wasser ist immer gut. Vor den Abtritten stehen die Blecheimer für die benutzten Papiere - vielleicht zur Aufarbeitung und Wiederverwendung?

10:15 Uhr Abmarsch. Ich bin immer froh, wenn ich so ein Quartier verlassen kann - nur raus und fort. Meine Welt ist das nicht und wird es hoffentlich auch nie werden.

Vorerst wandern wir durch das Tal quer hinüber und durch den Ort - Neubausiedlung. Ich zeige Angela die Verkaufsstelle. Dann folgen einfache, verschachtelt gebaute Hütten, Zäune und enge Gassen. Unser Weg führt danach über eine Brücke und dann neben einer engen Schlucht, durch die wild das Wasser gurgelt, an abschüssigen Felswänden vorbei etwa fünfzig Meter steil bergauf. Mit uns ist auch noch eine vielleicht einheimische Familie unterwegs. Wir wollen heute in das Iriktal hinauf steigen, was wir von unserer Unterkunft aus immer sehen können.

11:05 Uhr erste Rast oberhalb des Ortes. Überall klettern hier Schafe umher, die wie Ziegen aussehen. Ein kuckucksartiger Vogel fliegt auf. Große Zieselmäuse huschen in ihre Löcher, kommen aber immer wieder hervor. Das Wetter zeigt sich noch unbestimmt - etwas diesig, etwas wolkig. Doch hauptsächlich scheint die Sonne. Der Weg führt vorbei an viel Lockergestein, Geröllmassen vom Gletscher vermutlich. Vielleicht sind es eiszeitliche Hinterlassenschaften. Vor uns erhebt sich ein gewaltiger Fels. Daneben liegt eine tiefe Schlucht. Weiter unten brausen Narsanquellen. Es sieht hier ähnlich aus wie an den Steilküsten von Wittow auf Nordrügen - Auswaschungen, Abbrüche, erdig-steinige Massen.

Wir gehen vorsichtig weiter auf einem von den Schafen geformten Trampelpfad. Die Orientierung in diesen aus Sand und darin eingeschlossenen riesigen Findlingen wird etwas problematisch. Hauptsächlich jedoch geht es bergauf.

12:30 Uhr, wir wandern durch eine Kuhherde - kein Hund, kein Hirte. Offenbar befinden wir uns auf einer Alm. Danach folgt Kiefernwald. Allmählich begreife ich: Alle Bergwälder bestehen hier aus Kiefern. Diese sind teilweise uralt, riesig und verwachsen, teils auch ganz jung und sehr gewöhnlich. Wo man sie der Weidewirtschaft zuliebe nicht abgeholzt hat, ziehen sie sich auf den Hängen weit hoch hinauf. Es fallen uns einige Bäume auf, die unten große Verletzungen tragen. Offenbar handelt es sich bei ihnen um die „Kienbäume", von denen sich die Einheimischen ihr Kienholz abschneiden. Man erkennt noch deutlich die Messerspuren. Hier oben fühle ich mich nun auch wieder irgendwie heimisch, gar nicht mehr so fremd und fast so, als gehörte ich schon immer hierher.

Dann halten wir Rast auf einer Almwiese. Im Talausgang im Westen leuchtet weiß der Elbrus hervor. Davor liegt die lange Zunge des Irik-Gletschers.

Aus dem Tal unten dröhnt leise und fern der Bergfluß zu uns hcrauf. Im Südosten ist ein tiefer Bergeinschnitt mit Gletscher zu erkennen. Eine Touristengruppe zieht vorbei. Vielleicht versuchen sie, den Elbrus nördlich zu umwandern? Hier oben läuft es sich jetzt leichter. Wir gelangen an eine Hirtenbehausung, treffen dort aber niemanden an. Überall sind die Wiesen durchlöchert von den Bauen der Zieselmäuse. Überall um uns huscht es, überall sitzen diese kleinen, etwa rattengroßen Gesellen, ducken sich immer wieder und beobachten aufmerksam die Umgebung. Etwas weiter stoßen wir auf ein Zelt mit Leuten. Das sind vielleicht auch Urlauber, die hier etwas „Verbotenes" tun? Denn überall, vor allem an den Taleingängen, warnen Schilder auf Russisch, daß „alles" Zelten, Biwakieren, unorganisiertes Wandern verboten ist. Zur weiteren Erkundung mache ich allein einen Vorstoß.

14 Uhr befinden wir uns am Zusammenfluß der beiden Gletscherbäche: Der Irik kommt von links, der Irikschat kommt von rechts. Zwischen beiden breitet sich eine große, alte Endmoräne aus - vielleicht als Eiszeitrelikt. Beide Flüsse sind so groß und reißend, daß ich mir nicht zutraue, sie ohne weiteres zu überqueren bzw. zu durchwaten. Bei einem Versuch komme ich immerhin bis auf einen Stein in der Mitte, gebe dann aber auf und kehre wieder um. Bis zum Gletscher ist es auch noch weit. Eine Schafherde zieht langsam von dort heran. Hund und Schäfer sind dabei. Sie befinden sich aber auf der anderen Seite der Bergbäche. Unten am Wasser weiden Pferde. Wir steigen auf zu einem kleineren Wasserfall an der Nordseite des Tales (in Thüringen würde man diesen kleinen Wasserfall allerdings „gewaltig" nennen). Wir entscheiden uns dafür, daß es sich um Trinkwasser handelt, waschen uns etwas und füllen die Flaschen wieder voll. Allein sind wir hier aber nicht. Wir befinden uns auch nicht in Deutschland. Sonst könnte man sich ungeniert ausziehen und das kühle Naß in vollen Zügen genießen.

Ein Bekannter erzählte uns einmal aus der Dombai-Region (weiter westlich und muslimische Gegend), daß dort ein Hirte auf der Polizei erschienen wäre und den Ordnungshütern erzählt hätte, in den Bergen würden jetzt unglaubliche Dinge passieren. Dort würden Leute nackt herum spazieren. Das aber könnte er sich nicht mehr lange mit ansehen. Und bald würde er schießen. Die Beamten hätten ihn dann aber angefleht: „Um Allahs Willen, tun sie das bitte nicht, denn das können doch nur unsere Deutschen sein!"

Wir beobachten die Zieselmäuse. Eines dieser possierlichen Tierchen fraß ein Stück Brot von uns und stiebte dann davon, als sei der Teufel hinter ihm her. Wir wandern wieder zurück. Daß man immer wieder zurück muß, das wird nun doch lästig - immer dieses lästige Rechnen mit der Uhr!

Gegen 17 Uhr befinden wir uns wieder an der Eisbrücke. Diese könnte der Rest einer alten Lawine sein, die viele große Steine mitgerissen hat. Auch auf dem Eis liegen Steine. Die Lawine ist über den Bach gestürzt, und dieser hat sich darunter hindurch gefressen. Ich würde die Brücke nicht unbedingt betreten. Dann aber staune ich, wie einzelne Kühe recht gemächlich darüber hinweg spazieren, als sei es das Natürlichste von der Welt. Nun ja, diese Geschöpfe haben mehr Gletschererfahrung als wir. Doch irgendwann, das steht fest, bricht dieses Eisgebilde zusammen. Die Kuh auf ihm kommt unten im Ort dann vielleicht als Rindfleisch an, denn das Wasser donnert gewaltig unter dem Eis entlang und gurgelt über Stock und Stein. Zuweilen hört man Felsbrocken darin kollern.

Unterdessen kreiselt eine Wolke über uns. Es gibt Nieselregen von Nordwest.

19:15 Uhr. Wir befinden uns wieder in der Unterkunft. Unser „Timing" war also gut. Eine Uhr ist tatsächlich wertvoll in den Bergen - und dazu eine gute Karte.

Ein kleiner Spatz spaziert zu uns ins Zimmer herein. Angela mag das aber nicht leiden. Sie will allein sein (mit mir) und will ihn wieder hinaus werfen. Doch der Spatz erweist sich als störrisch. Und er findet meine Unterstützung. Er hockt dann die ganze Nacht brav und still unter dem Bett, ist am anderen Morgen sofort wieder draußen, erhebt ein klägliches Geschrei, bis seine Spatzenmutter kommt, sich seiner annimmt und beide geschäftig davon hüpfen. Mir scheint: Tierkinder sind wie Menschenkinder, die nur noch nicht wissen, daß sie immer Tiere bleiben werden.

Zur Turbase Adyl-Su

18.08.89 Fr. Die Zeit vergeht. Die satten Tage eilen dahin. Wir sind also im Kaukasus. Und wir beide, Angela und ich, sind jetzt ganz allein. Niemand kümmert sich um uns. Nur abends fragten die beiden Nachbarinnen, wo wir heute waren. Nicht lange mehr, dann sind auch sie wieder abgereist, und ihr Zimmer wird von anderen belegt. Auch Guljas und Ralfs Zimmer hat wieder einen Bewohner gefunden - einen unfreundlichen Russen.

6:30 Uhr, aufstehen, klarer Himmel. Heute wollen wir ganz weit hinter ins Tal des Adyl-Su zum anderen Gletscher nach unserer Freashfield-Karte. Ohne diese an sich lächerliche Fotokopie einer Fotokopie aus dem neunzehnten Jahrhundert wären wir hier tatsächlich so ziemlich aufgeschmissen. Es gibt einfach keine Wanderkarten - nirgendwo. Auch die Russen scheinen keine zu besitzen - Terra Inkognita.

7:30 Uhr, Abmarsch, 8:15 Uhr, Rastplatz am Adyl-Su. Zunächst geht es auf bekannten Wegen entlang, wo wir schon mal waren. Am Abzweig hinter der Brücke hört die Teerstraße auf. Sie führt zum „Alpinistenkomplex Elbrus", der auf der Ostseite der uralten, bewaldeten Schchelda-Endmoräne liegt. Wir wandern auf der Schotterstraße links vom Fluß weiter talaufwärts. Links von uns befinden sich kahle Berghänge. Vor uns, aber in weiterer Entfernung, erheben sich mächtige, weiße Schneeriesen. Dorthin wollen wir.

9:50 Uhr am Berghotel Dshan-Tugan. Davor hatten wir schon eine kleine, aber verfallene Siedlung durchquert. Gegenüber am Berghang ist ein gewaltiger Gletscher zu bestaunen, der steil von oben herab kommt. Leute klettern auf seinen Eisrippen und zwischen den Gletscherspalten umher. Wir waren noch nie auf einem solchen, „richtigen" Gletscher. Den Hotelkomplex („Durchgang verboten") umgehen wir sicherheitshalber. Es muß sich dabei wohl um eine ziemliche Nobelherberge handeln, mit der womöglich nicht zu spaßen ist. Ein Swimmingpool befindet sich auch davor. Wir kommen vorbei an Turbasen-Hütten. Es folgt ein Holzsteg über den Fluß.

Dann geht es nur noch auf einem schmalen Touristenpfad durch das teilweise recht steinige Flußtal.

10:30 Uhr, wir befinden uns im ebenfalls steinigen Gletschervorfeld und machen Rast - wolkenloser Himmel, strahlendes, dunkles Blau. Rückwärts blickend ist am rechten Bergkamm ein Elbrusgipfel gerade noch zu erkennen. Im Süden befindet ein Hängegletscher - ein Eisfall?

Turbase Adyl-Su, 2300m, wir müssen durch ein steiniges Flußbett klettern. Neben uns schießt das Wasser weiß schäumend zu Tal. Danach ersteigen wir eine lange, bis zu zwanzig Meter hohe Steinmoräne und spazieren auf dieser wie auf einem Dachfirst weiter vorwärts. Unter uns rechts liegt das Ende des Gletschers Bash-Kara (?). Von oben sieht das Gletschertor wenig beeindruckend aus, aber bis hinunter kommen wir nicht.

Die Moräne macht einen scharfen Knick nach links, und vor uns erscheint ein See, ein Zungenbeckensee, der rechts vom Gletscher angestaut wird. Weiße Eisbrocken schwimmen auf dem gelben Wasser. Auf der anderen Seite ist eine große Kalbungsfront zu erkennen. Ab und zu klatscht dort laut ein Eisbrocken in den See. Wir sehen es aber nicht. Es muß in den Spalten sein. Über dem Gletscher dehnt sich ein gewaltiger Bergzirkus mit riesigen Schneewächten an Gipfeln und Graten. Hier treffen wir wieder auf die deutschen Urlauber aus dem Tscheget-Hotel.

Unten am See bade ich meine Füße im kalten Wasser. Viele Leute sind wieder hier, denn sonst würde ich in einem nicht ganz so kalten, kleinen Nebentümpel ein Bad wagen.

13 Uhr, Aufstieg über eine weitere Moräne weiter südlich. Auf der anderen Seite unten erstreckt sich eine weite Ebene mit vielen

Zelten und erstaunlich vielen Leute. Dort steht auch eine Hütte - eine glaziologische Station. Das alles wäre das „Grüne Biwak", so wird uns erklärt. Es ist das Ziel vieler Bergsteiger und Touristen - ein flacher See, ein Bächlein, weiter hinten eine schuttüberzogene Gletscherzunge. Der Himmel ist noch immer wolkenlos, heiter, blau und unendlich - einmalig schönes Kaukasuswetter.

14 Uhr, wir befinden uns unten bei den Zelten und wenden uns nun wieder zum Heimweg. Eine deutsche Wandergruppe kommt uns dabei entgegen - ältere Leute, die uns auf unsere Frage stolz verkünden, daß sie alle „angemeldet" seien. Was soll's! Wir sind nicht angemeldet. Wir sind keine Bonzen und keine privilegierten Kriecher - und befinden uns trotzdem hier in diesem doch reichlich kleinkarierten, „gesellschaftlichen" Umfeld. Trotz Gorbatschow, trotz Reformen, trotz kaukasischer Dimensionen - so frei wie im geschmähten Rumänien ist der Tourist hier nicht. Und so unbekümmert wandern wie dort kann er hier auch nicht. Die kaukasischen Verhältnisse sind, was sie sind: Sie sind einfach kleinkariert!

Die Deutschen wollen hinüber ins Adyl-Su-Tal, also nicht über den Hauptkamm. Das ist aber trotzdem eine großartige Wanderung! Wir zweigen hinter der Seitenmoräne wieder ins steinige Flußbett ab. Tatsächlich suchen wir uns nun doch einen einsamen Platz, um uns mal wieder gründlich zu waschen. Ein Stück weiter tosen unglaubliche Wassermassen zwischen riesenhaften Steinblöcken zu Tal. Ich schätze, daß hier der Durchfluß pro Sekunde - obwohl bei kleinerem Querschnitt - durchaus dem der normalen Elbe bei Wittenberg entsprechen könnte. Wir finden einen etwas stilleren „Seitenarm".

Hier ist der Himmel nun wieder unglaublich groß, die Landschaft urtümlich originär wie aus vergangenen Jahrmillionen, die Berge fern und weiß - ein Kranz wie mit kandiertem Zucker überzogen. Das unaufhaltsame Dröhnen des Wassers zaubert eine eigentümliche, gebieterische Stille in unsere Seelen. Es sind immer wieder nur diese knapp bemessenen Minuten, die mir offenbaren, daß es in dieser Welt auch noch etwas anderes gibt, als diese elenden, anscheinend nie endenden alltäglichen Kleinlichkeiten des uns so strikt und streng zugemessenen Daseins.

Inmitten der zwei bis drei Meter großen Steinblöcke zieht Angela sich schließlich aus - splitternackt - und badet sich an einer winzigen Sandbank. Ich bleibe derweil auf der Hut. Und tatsächlich kommen zwei Touristen von unten herauf gestiegen. Angela bleibt ruhig. Ich werde nervös. Die Touristen sind da. Angela wickelt sich ein Handtuch um den Leib und redet sie russisch an. „Aber was denn", kommt die Antwort auf Deutsch: „Erkennen sie uns denn nicht wieder? Wir haben sie doch vor zwei Tagen am Prijut elf fotografiert!"

Es handelt sich tatsächlich um die beiden Deutschen, Dresdner Bergsteiger. Ganz allein, ganz unorganisiert wandern die hier umher. Ihr Vater hatte sie in ein russisches Alpinistenlager vermittelt gehabt. Von dort wären sie jedoch „ausgerissen", so erzählen sie uns. Es war ihnen einfach zu dumm geworden. Ihre Devise lautet jetzt: „Man darf, was man sich zutraut".

Heute kommen sie unmittelbar vom Elbrus herunter und wollen zum Grünen Biwak und dann noch ein paar Berge besteigen, bevor sie am Montag wieder nach Hause fahren. Gestern seien sie oben auf dem Elbrusgipfel gewesen. Und sie waren dort die ersten an diesem

Tag. Auf dem Elbrus sei eine ganze Horde Schweizer und Westdeutscher angekommen, hörten wir auch noch. Die hatten zuvor schon den Ararat in der Türkei erstiegen ... Freilich für diese kostbaren Leute ist auch hier alles bestens organisiert. Es handelt sich schließlich um Menschen erster Klasse. Und sie stammen schließlich auch aus „der ersten Welt".

Am „Prijut 11" hatten unsere beiden ostdeutschen Freunde die zwei Nächte im Kohlenkeller geschlafen. Das habe sie nichts gekostet. Und zuvor hätten sie schon mehrere Fünftausender erstiegen, so erfahren wir. Schürfwunden und ein verbundenes Knie sind Erinnerungen an einen Absturz über Schnee und Eis, wo sie glücklicherweise in einer Kuhle zu liegen kamen, in welcher sie nach dem Schock dann wieder aufwachten.

Der eine von ihnen räsonierte über seine Studienverhältnisse in Dresden. Er will Behindertenlehrer werden und habe „politische Schwierigkeiten". Auf seine Art hatte er auch die Lage hier in der SU durchschaut. So berichtet er uns von einem Festmahl bei Kolchosvorsitzenden, wo es alles in Hülle und Fülle gab, wo gesoffen und gepraßt wurde, wie im Paradies - „aber in den Läden gibt es nichts zu kaufen und die Wirtschaft hier ist sowieso kaputt!" Uns beiden rieten sie: „Sie brauchen nicht zu bezahlen, wenn keiner Geld ausdrücklich verlangt und ansonsten nicht erst viel fragen!" Wir waren uns nämlich unsicher, wie wir uns diesbezüglich weiter in unserer Unterkunft unten im Tal verhalten sollten. Und in Swanetien waren sie von einsamen Bauern mit Milch und Käse empfangen worden, als man sie dort aus den Bergen herunter kommen sah.

Die Zeit vergeht. Und die beiden jungen Leute gehen schließlich weiter. Ich wasche mich nun auch noch schnell. Dann wandern wir wieder zurück und hinunter zur Unterkunft.

16:30 Uhr - es geht also weiter nach unten. Erste Wolken von Nord-Nordost erscheinen am Himmel. An einer Kehre der Straße (Serpentinen) steht am Hang einsam und verlassen eine große Kanone. Schon hinter Tereskol waren uns zwei derartige Geschütze aufgefallen, die in verschiedene Richtungen wiesen. Eine Erklärung dafür suchend, dachten wir zunächst an ein historisch bedingtes Denkmal - Krieg im Kaukasus. Jetzt überlege ich, ob das etwas mit den gegenwärtigen „Wirren" im benachbarten Georgien zu tun haben könnte. Vermutlich aber handelt es sich um Geräte für den Winter, damit dann die Lawinen von den Bergen geschossen werden können, bevor sie gefährliche Ausmaße annehmen. Aber wirklich weiß ich das nicht. Im Winter würde es schwer fallen, diese Kanonen an die richtigen Stellen zu bugsieren.

19:15 Uhr - wir sind wieder in unserem Quartier angelangt. Oben um die Gipfel streichen Wolken. Wie wird sich das Wetter weiter entwickeln?

Ruhetag - Liftstation Tscheget

19.08.89 Sa. Wir sind 8 Uhr aufgestanden - wolkenloser Himmel. Dann einkaufen gehen: Drei Brote, zwei Flaschen Kefir. Heute soll Ruhetag sein. Was werden wir in den nächsten Tagen machen? Der Stempel von Naltschik ist abgelaufen. Er war nur bis gestern gültig. Aber wir befinden uns ja auch nicht in Naltschik. An Wowa hatten wir telegrafiert, daß wir spätestens am Montag, den 28.08 in Tbilissi sein wollen. Das Flugzeug geht zwar erst am 01.09. Doch wir wissen auch nicht, was uns noch alles erwartet. Die allgemeine Situation ist wieder reichlich ungewiß.

Mit dem Omnibus fahren wir bis Tscheget. Hinter dem Ort Elbrus folgt gleich der Ort Tegenekli. Dann kommt lange nichts - ein leerer, unbenutzter Autocampingplatz, der Narsan links, das Hotel Itkol rechts - mit einem reich besuchten, wilden(?) Campingplatz gleich daneben. An solchen Stellen dürften sich tatsächlich nicht nur verhinderte Hotel-Urlauber und harmlose Wanderer einfinden. Wir beobachten, wie jemand an einer Verkaufsstelle das Vorhängeschloß mit einer Eisensäge aufsägt - vielleicht ein Angestellter, der den Schlüssel verloren hat? Dann sind wir auf dem Markt angekommen: Ein Kilo Birnen kostet zwei Rubel (6,40 Mark).

11:15 Uhr befinden wir uns an der oberen Liftstation Tscheget. Der Himmel ist wolkenlos. Wieder sind viele Touristen und Leichtwanderer (wie zurzeit auch wir) unterwegs. Wir steigen gemächlich weiter auf bis zu dem Punkt, von dem aus wir den Paß Dongus-Orun sehen können. Dort beobachten wir mit dem Fernglas Leute, wie und wo sie absteigen. Sie bewegen sich langsam und vorsichtig. Es scheint doch komplizierter zu sein, als es von hier aus aussieht. Wir steigen langsam von diesem Aussichtspunkt wieder ab und gleiten dann in angenehmer Fahrt mit den beiden Liften nach unten. So schweben wir gewissermaßen über Wiesen, Wege, Bäume den Berg hinab und sind ringsum umgeben von den höchsten Bergen, die wir je sahen - weiß, schwarz, grau-grün.

Unten angekommen, leisten wir uns einen Schaschlik für einen Rubel. Viel Fleisch ist es nicht. Ein Brot mit Fleisch eingebacken kostet 0,53 Rubel. Es schmeckt unangenehm wie nach einem Desinfektionsmittel.

Der Himmel ist wolkenlos, die Sonne strahlt heiß. Manche Leute haben sich einen weißen, leichten Schleier an ihrer Kopfbedeckung angebracht, um sich den Nacken nicht zu verbrennen. Ringsum dehnt sich Kiefernwald.

Heute erfahren wir hier auch, daß eine „Genehmigung", den Elbrus zu besteigen, neun Rubel kostet. Irgendwo in der „Touristenbasis Elbrus", im Adyl-Su-Tal oder an der unteren Liftstation hinter

Tereskol soll es dafür ein Büro geben. Wir haben keins gesehen oder gesucht.

Nach einem weiteren Besuch des Marktes fahren wir mit dem Bus zurück. Unschlüssigkeit macht sich breit. Wir haben uns vorgenommen, morgen früh den Schlüssel abzugeben. Das aber hat dann etwas Endgültiges an sich - Ungewißheit. Dann nämlich wollen wir allein loswandern, allein bis nach Tbilissi und nur auf uns selber gestellt. Ich habe Angst davor und hoffe eigentlich, daß es sich Angela doch noch anders überlegt. Dazu male ich ihr einige Mal die möglichen Schrecken und Strapazen einer Wanderung mit Kraxe ins Ungewisse in allen Farben aus. Sie aber ist nicht abzubringen.

„Tourismus - bestes Mittel
zum Kennenlernen unserer Heimat"

Und ich will nicht der sein, der die Entscheidung auf sich nimmt, in der Tourbase zu bleiben und dann über Naltschik nach Tbilissi zu reisen - was auch nicht ohne Probleme ist. Denn die Zivilisation auf so einer „zivilen" Strecke birgt auch so einige Schwierigkeiten und Gefahren. Doch ich wollte ja schließlich „in die Berge" - nicht Angela. So bleibt die Stimmung gedrückt. Angela läßt sich nichts anmerken, raucht ihre Zigaretten und liest ihren Roman. Sie ist „nur mit". Ihr habe schon lange vor der Reise, vor diesem Urlaub gegraut, so erfahre ich jetzt. Und schließlich hätten wir ja zu Hause unser Testament geschrieben.

Was aber nun weiter? Der Onkel von der Bekannten der Gulja hätte gesagt (so haben wir es in Erinnerung), wir könnten hier bleiben, solange wir wollen. Er weiß vermutlich recht gut, daß damit nicht die Ewigkeit gemeint ist. Wir könnten tatsächlich noch den Elbrus besteigen: Dazu noch zwei Mal hinauf fahren zum Prijut Odinazatij, dort oben dann umher wandern, vielleicht schon mal eine Übernachtung organisieren, dann beim dritten Mal bis ganz auf den Gipfel hinauf. Ich meine, eine Woche müßte dazu ausreichen. Es kommt vor allem auf die Akklimatisierung an. Dann aber bleibt als Risiko noch das Wetter. Bei Schneetreiben würden wir es nicht wagen dürfen. Doch das kann passieren. Ich überlege nicht all zu lange. Es erscheint mir zwar interessant. Denn zu Hause könnte man dann immer wieder erzählen, daß man ganz oben auf dem Elbrus war - über fünfeinhalbtausend Meter hoch. So sonderlich „ankommen" würde das aber nicht. Denn es ist ja nur ein mühsames Steigen im Schnee. Und das kann ja tatsächlich fast jeder.

Lieber würde ich nach Swanetien hinüber wandern. Doch wie dort hinkommen? Und können wir uns wirklich hier ganz allein durch die Berge trauen? Irgendwer hatte auch noch erzählt, daß in Swanetien die Blutrache wieder aufgeflammt sei. Es habe Tote gegeben. Das erinnerte sehr an eine Bemerkung bei Alexandre Dumas, der anläßlich seiner Kaukasusreise Puschkin zitierte, welcher bemerkt hatte, daß in dieser Gegend „der Totschlag nur eine Gebärde sei" - alltäglich also und nicht unbedingt tröstlich.

Vielleicht kann man doch nicht so ganz darauf setzen, daß sich in den anderthalb Jahrhunderten, die seitdem verflossen sind, auch hier alles geändert hat? Jedenfalls grübele ich noch lange darüber nach - obgleich es mir klar ist, daß ich damit auch nur zu keinem Ergebnis kommen werde. So ist es dann schließlich die Angela, die bestimmt, daß wir loswandern. Das war sehr lobenswert von ihr. Ich schließe mich ihrer Meinung an, bleibe aber trotzdem etwas verunsichert - viele Erfahrungen haben wir nicht.

Am Nachmittag gingen wir in der Unterkunft duschen. Es war heiß. Der Duschraum wurde von Kindern belagert. Ich hatte fast den Eindruck, daß es sich um einheimische Dorfkinder handelte. Sie duschten mit Badehose. Aus den Lautsprechern plärrte wieder diese entnervende Musik - sowjetische Banalmusik. Die können das also auch.

Vor dem Betscho-Paß

20.08.89 So. 8:45 Uhr, wolkenloser Himmel. Wir sind fertig mit unserem Frühstück. Ich hoffe noch immer, daß Angela es sich anders überlegt hat. Noch ist es Zeit. Aber sie handelt, als hätte sie einen Auftrag zu erfüllen.
9:15 Uhr, Aufbruch. Der Schlüssel ist abgegeben. Alle unsere Sachen tragen wir auf dem Rücken. Die beiden Kraxen sind ziemlich schwer. Zunächst marschieren wir an der Teerstraße entlang talaufwärts. Gegen 11 Uhr geht es vorbei an der Turbase Jussengi, Ortsende von Tegenekli am Abzweig zum Betscho-Paß, Jussengi-Tal. An der Straße befindet sich eine gemauerte Quelle. Unser Konzept ist es, zum Betscho-Paß hinauf zu steigen und ihn zu überqueren versuchen. Wenn das nicht möglich ist, dann wollen wir zurück und zum Dongus-Orun-Paß. Alles Weitere ist noch unklar. An den Taleingängen finden wir überall wieder Schilder in Russisch, daß hier alles verboten ist: Zelten, jedes unorganisierte Wandern, das Überqueren der Pässe usw. Wir wissen auch nicht, was uns am Betscho-Paß erwartet. Die vielen Informationen, die wir bisher dazu gesammelt haben, bleiben reichlich widersprüchlich:

- Jeder Tourist kann über den Betscho-Paß steigen.
- Der Betscho-Paß ist nur für erfahrene Alpinisten begehbar.
- Neben dem Dongus-Orun-Paß ist es der leichteste
   Übergang auf die andere Seite des Hauptkammes.
- Es ist ein sehr einfacher Paß. Nur eine kleine Stelle
   ist beim Betscho-Paß schwieriger als bei
   den anderen Pässen.

- Vor dem Paß befinde sich eine Touristenunterkunft.
- Vor einigen Tagen ist eine Touristin auf dem Paß verunglückt.
- Es befindet sich kein Eis auf dem Übergang.
- Ein Gletscher muß überschritten werden.
- Letztens sind Leute in Turnschuhen dort herüber gekommen.

Wir müssen uns also selber ein Bild von den Verhältnissen machen und dann entscheiden. Der Betscho-Paß hat den Vorteil, daß man auf der anderen Seite direkt bis Mestia wandern kann und dabei auch noch direkt an der Westflanke des riesigen Uschba vorüber kommt mit seinem markanten Doppelgipfel. Meine Stimmung bessert sich auch wieder, da wir jetzt unterwegs sind.

Ein Hirte auf einem Pferd überholt uns und fragt nach unserem Ziel. Auf unsere Antwort erwidert er nur: „Nu, dawaj!" (also „dann mal flott!"). Es geht aufwärts durch den Wald. Rechts unten braust ein Bergfluß. Die Kraxen sind schwer, schwerer als auf unseren letzten Wanderungen, wo das meiste in der Hütte geblieben war. Wir kommen nur langsam voran.

12:40 Uhr, Rast an der Waldgrenze. Außer dem Hirten sind wir bisher niemandem begegnet. Unten am Fluß weiden einige Pferde. Am gegenüberliegenden Hang oben machen Leute Heu. Wo bleiben die großen Touristenströme über den Betscho-Paß?

Von Süden zieht dünnes Schichtgewölk in den blauen Himmel hinein. Ein Leichtwanderer kommt von oben herab gelaufen.

13:45 Uhr, Rast oberhalb des Weges an einem Bach. Hier befindet sich ein kleines, niederes Birkenwäldchen am Hang. Dahinter zeigen sich einzelne, große Felsen. Ansonsten umgibt uns eine gewaltige Einsamkeit in einem gigantischen, licht- und luftdurchfluteten Bergpanorama voller Weite. Wir befinden uns mitten im Kaukasus - und ziemlich allein. Angst vor Räubern macht sich breit. Aber von oben kommt uns dann eine Gruppe von Leichtwanderern entgegen, sowie einzelne, halbnackte Damen, die nach unten streben - vielleicht Tagesausflügler. Das beruhigt uns wieder etwas. Angela wäscht sich ausgiebig am Bach. Diese kleinen Bäche führen fast immer glasklares Wasser.

14:40 Uhr und es geht weiter. Die Bäume hören auf, das Tal weitet sich. Ein breites Schwemmtal wird erreicht. Nur drei Hirtenzelte sehen wir. Von einem Prijut ist weit und breit nichts zu erkennen. Es handelt sich hier um ein bis hinauf zur Schneegrenze beweidetes Tal, und es macht einen entsprechend öden Eindruck. Hinter uns beobachte ich jetzt doch noch zwei Touristen - aber sie bleiben irgendwo zurück, vielleicht bei den Hirten. Sonst ist alles menschenleer weit und breit, kahl, unheimlich. Von weit oben leuchten weiß die Schneefelder und Gletscher. Wir ziehen links über einen breiten Schuttkegel an einem Schwemmtal vorbei. Am Bach, den wir gerade noch so trockenen Fußes zu überschreiten vermögen, lagert eine russische Alpinistengruppe, die von oben kommt - aber nicht vom Betscho-Paß. Sie können uns auch keinen vernünftigen Rat geben. Wir erfahren lediglich, daß es günstig wäre, hier oben zu zelten, weil es weiter oben dann kein Wasser mehr gäbe.

17:15 Uhr und wir befinden uns ziemlich hoch oben am Hang. Wir sind auf den Kamm einer uralten Seitenmoräne hinauf gestiegen, bis wir in einer Delle zwischen Moräne und Hang einen kleinen, ausgebauten Biwakplatz fanden. „Ausgebaut" bedeutet, daß hier schon viele gezeltet haben, den Boden von Steinen bereinigt und zur Abhaltung des Windes kleine Mauern aus Geröll aufgeschichtet Hier bauten wir unser Zelt auf. Von Süden zog Gewölk heran. Doch die Sicht blieb klar. Unter uns befand sich ein riesiger Talkessel - Gletscherzungen, Moränen, Geröllfelder, Gletscherbäche wie winzige Rinnsale. In diesem Tal entdeckten wir Kühe an den entferntesten und abwegigsten Stellen. Über dem Tal ragt der Dongus-Orun, diesmal von der Rückseite aus gesehen bzw. von Osten. Zwischen den Steinen am Biwakplatz entdeckten wir ein Dreiliterglas mit Wasser. Wer hat das hierher getragen? Das zerfriert doch, wenn es Frost gibt! Das Wetter scheint schlechter zu werden. Wetterbericht konnten wir keinen hören. Was tun? Auf jeden Fall werden wir hier erst einmal übernachten. Lawinen, Erdrutsche, Steinschlag sind hier nicht zu erwarten. Man sähe sonst schon etwas davon.

Wo der Paß sein soll, das können wir von hier aus noch nicht erkennen. Der riesige Berghang, auf dessen Flanke wir uns befinden, biegt sich ganz langsam nach links. Wir erwarten, daß sich dahinter noch ein schnee- und eisfreier Übergang verbergen könnte, wie er auf der Karte (der neuen) angedeutet ist.

Nachdem das Zelt steht, mache ich mich allein auf den Weg nach oben, um die Sachlage auszukundschaften. Der Weg jedoch streckt sich unheimlich in die Länge. Und er windet sich am Berghang immer weiter nach links und immer weiter nach oben. Nirgendwo ist ein klarer Überblick zu gewinnen. Wie weit muß ich noch gehen? Hier ist es tatsächlich von Vorteil, wenn man eine intakte Uhr bei sich hat. Mit dieser kann man Strecken abschätzen, die man durchwandert hat. Dann erscheint der Weg als Zeit. Ich rechne für eine Zeitspanne nach oben die Hälfte davon wieder für den Rückweg. So weiß ich, wann ich spätestens umzukehren habe. Dabei halte ich beständig scharf Ausschau nach einem Paß, einem Übergang auf dem Bergkamm gegenüber. Was ich sehe, sind jedoch nur Eis und Schnee.

Doch dann fallen mir ein paar winzige Pünktchen auf in der weißen Wildnis dort hoch oben. Schwarze Punkte gibt es dort genug - Spalten, Eishöhlen, einzelne Steine - doch diese Punkte scheinen sich zu bewegen. Das Fernglas gibt Aufklärung. Ich erkenne damit, daß dort vier Leute sehr langsam über das Eis nach unten kommen. Die erste Gruppe steht wie unschlüssig an einer riesigen Gletscherspalte, an der sie vorbei müssen. Die anderen beiden sind noch fast ganz oben. Sollte dort tatsächlich der Paß sein? Nach der uralten Freashfieldkarte muß er es sein. Damit weiß ich jetzt, wo dieser Betscho-Paß liegt und wie er aussieht - nicht sonderlich einladend. Ich mache noch ein paar Fotos und kehre um. Es hat keinen Sinn weiter zu gehen. Der Weg streckt sich noch enorm. Unterdessen fängt es auch an, leicht zu nieseln. Und langsam beginnt die Dämmerung. Dann erreiche ich wieder das Zelt und mache Angela darauf aufmerksam, daß bald Touristen vorbei kommen werden. Von ihnen ist vielleicht zu erfahren, wie es um diesen Paß wirklich bestellt ist.

Nach einiger Zeit kommen tatsächlich die Leute, die ich oben gesehen hatte, am Zelt vorbei geeilt. Sie grüßen kurz. Es sind Deutsche. Der letzte aber bleibt stehen - und wir beide schauen uns an. „Wir kennen uns doch", ruft er überrascht aus: „Rumänien, Caltzun-See!" Jetzt erkenne ich ihn auch. Es ist tatsächlich unser Freiberger Freund, mit dem ich vor knapp zwei Monaten in den Karpaten in dieser eiskalten Biwakschachtel übernachtet hatte. Aber er hat es eilig. Ich kann ihm gerade noch meine Adresse geben. Er berichtete, sie seien von Baksan zum Hauptkamm gekommen, dann über den Dongus-Orun-Paß, von dort nach Mestia, dann Uschguli und zurück über den Betscho-Paß. Er rät uns auch ab, über diesen Paß zu gehen, wenn wir weder Eispickel noch Steigeisen mit uns führten. Auf der anderen Seite käme noch mal Eis, meinte er. Und in Swanetien wäre die Blutrache wieder aufgeflammt. Acht Tote hätte es gegeben. Doch was soll das nun? Außerdem glaube ich nach wie vor, daß der eigentliche Betscho-Paß ein Übergang ohne Eis ist und irgendwo weiter links zu finden sein müßte. Angela ist auch dieser Ansicht. Sie beruft sich dabei auf ihr russisches Gespräch mit den Alpinisten unten. Unterdessen regnet es stärker.

Wir haben Roys Zelt mit. Es ist etwas größer und auch stabiler als das „West-Zelt" vom Reinhold. Wir können bequem die Kraxen mit hinein nehmen. Sie stehen hinten aufrecht in der Mitte, unserer Füße liegen links und rechts daneben. Im Topf fange ich Regenwasser auf vom Zelt. Es kommt uns sehr zu Passe. Dann senkt sich die Dunkelheit über die Berge. Es folgt unsere erste Nacht im Zelt und die letzte ganz allein in der Bergeinsamkeit. Welche Welten eröffneten sich unsereinem, wenn es wirklich noch eine Bergeinsamkeit gäbe, eine Welt, wo man mit der bloßen, reinen Natur in einen unverfälschten Dialog treten könnte ohne den klebrigen Schleim einer sogenannten Zivilisation! Ein klein wenig von dieser „reinen Welt" läßt sich hier oben ahnen, nur erahnen, mehr nicht.

Hier erfahre ich jedenfalls, daß auch die entferntesten Gebirge diese Reinheit nur selten bieten können und keineswegs mehr als eine der heimischen Müllkippen oder einer der einsameren Mecklenburger Seen (z.B. sehr früh bei Tagesanbruch). Es bleibt jedenfalls pure Illusion, wenn man unter den Gipfeln der hohen Kaukasusberge nach der Urfreiheit des Menschen sucht. Doch etwas davon hat sich hier noch erhalten, mehr jedenfalls als anderswo und in „freieren" Weltgegenden mit ihrem überbordenden Kommerz und „globalen" Tourismus. Von letzterem jedoch können wir in diesem Sommer 1989 noch nichts wissen.

Von Räubern verfolgt?

21.08.89 Mo. 6:30 Uhr. Am Himmel zeigt sich leichtes Federgewölk am. Die Sonne bestrahlt hell die Westseite des Dongus-Orun. Unser Zelt ist naß von innen und von außen. Draußen war es der Tau, innen kondensierte unsere Atemluft unter der Plastplane unseres modernen Zeltes. Ich habe noch eine große Plastfolie mit, damit sich der Schlafsack nicht von diesem Kondenswasser vollsaugt. Feucht wird er trotzdem.

Kurzes Frühstück, dann alles zusammen packen und 7:45 Uhr mit Gepäck wieder nach oben. Wir wollen nach dem eisfreien Übergang suchen. Bei den Aufstiegen bewährt sich der Traubenzucker. Angela will es zunächst nicht glauben, aber es macht viel aus. Zehn bis fünfzehn Tabletten pro Anstieg liefern ausreichend Energie.

8:45 Uhr, es wird zu anstrengend. Und vermutlich werden wir ja doch wieder umkehren. Erst einmal legen wir das Gepäck ab. Ich steige wieder allein auf, um mir endgültig Klarheit zu verschaffen. Leute haben wir hier oben so früh nicht zu erwarten. Jetzt befinden die sich höchstens im Anmarsch und sind noch weit entfernt - die Guten und auch die Bösen. Wir befinden uns immer noch an dem riesigen Hang zur linken Seite von unten aus gesehen. Von hier aus geht es noch sehr weit hinauf - und zugleich daneben sehr tief hinab. Wenn hier der Schlafsack von der Kraxe ins Rollen kommt, dann dauert es Stunden, um ihn wieder zu holen. Der Aufstieg, den ich jetzt allein unternehme, ist teilweise so steil, daß ich die Hände zu Hilfe nehmen muß. Rechts dehnt sich ein mächtiger Gletscher. Vor mir zeigt sich ein schwarzes Felspanorama.

9:10 Uhr befinde ich mich am Übergang auf den Gletscher. Es gibt keinen anderen Weg! Der Pfad verliert sich hier im Geröll, und das Geröll endet ebenfalls auf dem Eis. Auf dem Eis aber sind keinerlei Spuren mehr zu erkennen. Doch große Spalten gähnen. Schmale Eisstege führen darüber hinweg. Dahinter zeigt sich ein immer chaotischer werdendes Gewirr von Spalten und Blöcken aus schmutzigem Eis. Danach geht es erst mal wieder abwärts. Und erst weit hinten sind steile, spaltendurchzogene, schneeweiße Hänge zu erkennen, wo ich die Spur unserer Freunde von gestern Abend erkennen kann - so als wären sie seit langer Zeit die ersten gewesen, die den Paß hier überquert haben.

An der Stelle, wo wir uns jetzt befinden, sind viele kleine Biwakplätze für einen Zeltaufbau planiert. Es muß also der Anmarschpunkt für den Übergang sein. Im Gras glitzern große Glockenblumen im Sonnenlicht. Man könnte den Tau aus ihren Kelchen trinken.

Mit dem Fernrohr mustere ich hier ausführlich den Rand weit oben über der weißen Gletscherpracht, die hohen Zinnen, von denen all das Eis herab kommt. Ich möchte so etwas wie einen Übergang finden - den Paß. Schließlich erkenne ich gegen den Himmel am Gebirgsrand winzig die Spitze eines Obelisken über dem Schnee. Ein paar Stöcke hatte ich gestern dort oben schon bemerkt gehabt. Damit ist also endlich alles klar. Und ich kann beruhigt entscheiden, daß wir auf einen Übergang über den Hauptkamm des Kaukasus an dieser Stelle verzichten werden. Wir beide, nur mit dürftigen Holzstöcken ausgerüstet, mit schwerem Gepäck und ohne alle Gletscher-

und Eiserfahrung und ganz allein, da erscheint mir das Risiko einfach zu groß - und auch ganz unnötig. Wir haben noch Zeit für andere Varianten. Immerhin weiß ich nun endlich, wie es um diesem Betschopaß wirklich steht.

10:00 Uhr bin ich wieder bei Angela. Sie hat unterdessen geraucht und weiter in ihrem Roman gelesen. Wir kehren um. Und im Eifer des Aufbruches rollt mir tatsächlich beinahe unsere Schlafmatte nach unten. Ich kann sie gerade noch fassen. Dann geht es wieder bergab auf dem Pfad, auf dem wir gestern hier herauf kamen. Einen anderen Weg gibt es nicht. Wo heute früh noch unser Zelt stand, liegen jetzt die Kühe. Es ist erstaunlich, wie hoch diese Tiere hier steigen. Auf dem letzteren Abschnitt unseres heutigen Abstieges begegnen wir einer Gruppe von Leichtwanderern, geführt von einem älteren Herrn. Dieser fragt uns, woher wir kommen und wohin wir wollen. Das scheint hier üblich zu sein. Diese Touristen sehen nicht aus, als ob sie den Paß überschreiten wollten. Vermutlich kommt daher die Legende, daß er ohne alle Probleme zu begehen sei, weil andere Touristen solche bloßen Paß-Besucher von oben wieder herab spazieren sahen - in leichter Kleidung und mit Turnschuhen an den Füßen. Aber vielleicht gibt es auch noch einen anderen Weg über einen Seitenkamm und dann im Nachbartal wieder hinunter?

11:00 Uhr befinden wir uns an der großen Schutthalde unten am Bach im Sonnenschein. Der Wasserstand ist niedriger als gestern Abend - vielleicht weil die tägliche Gletscherschmelze noch nicht zur Wirkung gekommen ist. Wir gehen über den Bach und machen wieder eine Rast. Weiter unten in diesem von oben flach erscheinenden Schwemmtal stehen zwei Iglu-Zelte. Ich schaue mit dem Fernrohr hinunter. Es sieht ganz aus, als ob das die Deutschen von gestern Abend sind. Dann lege ich die Schlafsäcke zum Trocknen in die Sonne und fülle die Trinkwasserflaschen wieder auf mit dem Wasser aus dem Bach. Dort lagen einsam ein paar intakte Wanderschuhe ohne Schnürsenkel, kleine Größe. Wer läßt so etwas hier liegen?

Der Freiberger kommt von unten zu uns herauf gewandert. Wir schwätzen ein wenig. Sie wollen hier einen Ruhetag einlegen. Wo unten die beiden Zelte stehen, laufen die zwei jungen Frauen herum, die im Dämmer des Vorabends mit den beiden Männern durch

Schnee und Eis den steilen Gletscher herunter gekommen waren. Ich sehe, wie sie dort auf dem kargen, grauen Schotter in der grellen Morgensonne stehen und sich drehen und strecken, vielleicht von den Verspannungen der Nacht im engen Schlafsack und sich auch zu wärmen scheinen in der grellen Gebirgssonne. Und beide Damen sind splitternackend. Da war mir für einen Moment zumute, als klänge zugleich von fern her eine große Melodie über die Zinnen der Gipfel herüber zu uns - Antonin Dvorak, „aus der neuen Welt" - vielleicht. Ich ahnte, daß mein munterer Bergfreund aus dem Fagarasch nicht nur wegen der romantischen Bergkulissen und hohen Gipfeltürme in das eisige Hochgebirge reiste.

Wir berichteten, daß wir vor dem Betscho-Paß umgekehrt sind. Der junge Mann jedenfalls zollte uns trotzdem Anerkennung. Von dem Freiberger erfahre ich dann noch, daß sie in diesem Sommer eigentlich wieder in den Pamir reisen wollten. Doch als sie mit dem Flugzeug in Sotschi ankamen, fehlte ein Rucksack. Sie warteten eine Woche, der Rucksack aber blieb verschollen. So entschieden sie sich mit dem verminderten Gepäck für den Kaukasus. Anschließend möchten sie noch zum Kasbek. Zeit hätten die beiden Männer dazu noch bis Mitte September, so erfahre ich. Dabei scheren sie sich um keine Aufenthaltsgenehmigung. Die beiden Frauen wollten sie in diesen Tagen aber verabschieden. Ich übergab dem Freiberger den Teil meiner Freashfield-Karte mit dem Kasbekgebiet. Denn dort kommen wir sowieso nicht mehr hin Die beiden unbekleideten, jungen Damen dort unten erscheinen mir nun aber doch etwas bedenklich hier bei den keuschen Kaukasiern. Dazu sage ich aber nichts.

Nachdem der Bergfreund wieder hinunter gestiegen war, macht mich Angela auf einen einzelnen Herrn aufmerksam, der auf der anderen Seite des Baches - aber ganz in unserer Nähe - wie unschlüssig verharrt. „Der sieht wirklich wie ein Räuber aus", meint sie. Ich konnte dem zunächst nicht zustimmen. Er trug ein weißes Tuch als Nackenschutz, hatte ein kleines Lippenbärtchen und schaute eher aus wie ein Tourist, der es vorzog, sich hier etwas die Zeit zu vertreiben statt immer nur bergauf zu steigen. Es schien uns so, als hätte er Mühe, über den Fluß zu kommen. Er machte Versuche, legte Steine ins Wasser, schaffte es aber nicht. Nach einiger Zeit ging ich zu ihm hin und reichte ihm meinen Stock. Er lehnte aber mit Gebärden ab. Er erschreckte mich auch nicht eigentlich, obgleich mir sein eigentümliches Verhalten langsam verdächtig wurde. Ich sah mich um und stellte fest, daß wir so ziemlich allein hier oben sind. Zuvor waren noch ein paar einzelne Touristen vorbei gezogen. Doch jetzt war niemand mehr zu sehen - bis auf die Freiberger ganz weit unten mit ihren Zelten, deren nackte Frauen sich dort noch immer recht ungeniert bewegten.

Von oben schaute unterdessen nicht nur ich auf diese bukolische Idylle, sondern auch dieser merkwürdige Typ, der da am Bergbach herum stocherte und der mir dabei immer unheimlicher wurde. Dieser einsame Herr betrachtete weiter die Deutschen im Tal - soweit da überhaupt etwas zu erkennen war auf die große Entfernung. Dann musterte er wieder unverhohlen unsere Ausrüstung, die sich ja nur ein paar Meter von ihm entfernt ausbreitete, wo wir sie zum Trocknen ausgelegt hatten.

Der Bach rauschte unterdessen in das große Schweigen des riesigen, steinigen, einsamen Hochtales. Wolken zogen heran. Der hohe Himmel über allem trübte sich ein. Das Wetter schien unbeständig zu werden - als wäre es unschlüssig, wie es sich weiter entwickeln sollte. Wir packten ein, setzten unsere Kraxen auf und suchten unseren Weg zurück ins Haupttal hinunter, von wo wir gestern herauf gekommen waren. Vielleicht ist es ja möglich, noch an diesem Tag bis zum Dongus-Orun-Paß zu gelangen? Dort soll es einen „Sewerny Prijut" geben, so hatten wir von irgendwem gehört. Solche Unterkünfte brauchten wir zwar nicht. Doch sie schienen uns sicherer als eine Übernachtung im Freien - vielleicht ein Irrglaube?

Nach kurzer Wegstrecke entlang an einer flachen Halde mit grobem Blockgestein entdecke ich etwas weiter oben in diesem Felsgewirr zwei andere junge Männer, die sich offenbar hinter den Steinen versteckt halten, dort jetzt aber irgendwie auffällig verdächtig hervor lugen oder auch nur herum liegen und die auch wie Touristen aussehen. Der eine von ihnen stand jetzt auf und ging talaufwärts. Als ich mich umdrehe, entdecke ich, daß unser Freund von vorhin endlich den Bach überschritten hat und im Begriff ist, sich mit dem anderen, der ihm bergab entgegen kommt, zu treffen. Das stimmt mich nun doch nachdenklich, denn unser weiterer Weg führt in eine weite, halbwegs überschaubare, einsame Gegend. Unsereiner weiß schließlich so ungefähr, wie man sich hier oben bewegt - so wie diese drei Leute eher nicht. „Wegelagerer" aber könnte ich mir genau so vorstellen. Wenn da dann nicht zufällig eine Touristengruppe auftaucht, befanden wir uns hier genau in dem Gebiet, wo es relativ einfach sein mußte, Touristen auszurauben.

Angela meint auch gleich, wir sollten uns beeilen, was wir auch tun. Ich halte das allerdings für hoffnungslos inmitten dieser riesigen Einöde und meine, wir sollten erst mal bis zur nächsten Wegbiegung gehen, uns dort dann etwas abseits flink zu verstecken und dann schauen, ob die drei uns folgen und suchen werden. Wenn das der Fall ist, so sollten wir energisch umdrehen und hinab in die Richtung der Freiberger laufen, deren Zelte von hier aus noch zu sehen sind - doch eben weit weg. Vielleicht aber macht uns in dieser friedvollen Bergwelt hier oben jetzt auch nur unsere böse Phantasie zu schaffen? Jedenfalls wurden wir schneller und schneller.

Endlich umschreiten wir die Bergflanke zur rechten und bemerken zu unserem Glück dahinter, daß auf dem sich rechts wieder dehnenden Talhang (allerdings auch noch ziemlich weit voraus) ein einsames Hirtenzelt steht, vor dem leichter Rauch aufsteigt und wo offenbar ein Gruppe von Leuten rastet. Entweder sind das nun ebenfalls Räuber, oder wir befinden uns dort in Sicherheit. Wir bleiben weiter schnell und versuchen, möglichst bald dorthin zu gelangen. Als wir hinter uns noch keinen sehen, nehmen wir uns wieder Zeit und halten Ausschau nach Narsanquellen, weil ich hier rostrote Wasserläufe gesehen hatte. Wir fanden aber nichts. Die drei „Räuber" hinter uns sind uns jedoch gefolgt, haben aber noch einigen Abstand. Wir beschließen, nun doch schnell zu dem Zelt zu kommen.

13 Uhr kommen wir beim Zelt an und erkennen den berittenen Hirten, der uns am Vortag überholt und angesprochen hatte. Auch in den „einsamen" Bergen hier oben bleibt nichts verborgen. Das Pferd grast in der Nähe. Zwei riesige Hunde liegen daneben herum. Am sanft quiemelnden Feuer hocken noch weitere vier Leute, zwei Frauen und zwei Männer - Russen. Sie kochten sich Tee. Das beruhigt uns wieder. Angela trägt ihnen sogleich unsere Befürchtungen vor.

Daraufhin werden wir von den Russen eingeladen, doch bei ihnen zu bleiben, mit ihnen ins Tal abzusteigen und später mit ihnen über den Hauptkamm zu gehen - Tolja, Kira, Shenja, Tanja. Unterdessen haben uns auch die drei Männer erreicht, von denen wir uns wegen ihres merkwürdigen Verhaltens verfolgt fühlten. Aber nur zwei von ihnen gehen vorbei ins Tal hinunter. Sie tragen zwei gleiche, geflickte, große - aber völlig leere Rucksäcke auf dem Rücken - was sie mir erneut verdächtig macht. Wie mir scheint, grinsen sie uns sogar unverschämt an, als sie vorbei schreiten. Der Typ vom Bach bleibt zurück, bezieht weiter hinter uns in Sichtweite Stellung und kaspert nun dort ebenso „unschlüssig" herum, wie zuvor am Bach - so, als hätte er den Auftrag, die Lage bei uns im Blick zu behalten. Mal steigt er ein Stück auf dem Hang hinauf, dann legt er sich hin, dann zieht er seine Jacke aus. Dann spaziert er müßig umher. Doch zu uns ans Feuer kommt er nicht. Was macht er dort? Worauf wartete er?

So blieben wir lieber bei den vier Russen, mit denen wir uns allmählich schon etwas anfreundeten. Es handelte sich um zwei Moskauer Familien, die eine zugleich private und doch auch organisierte Überquerung der kaukasischen Hauptkette vorhatten und dann noch zum Schwarzen Meer ins sonnige Suchumi wollten. Der Chef dieser kleinen Gruppe, Tolja, war Alpinist und hatte erst im Mai dieses Jahres den Kasbek auf einer neuen Route bestiegen, wie er uns erzählte.

Allerdings wollten die vier den Hauptkamm nicht über den Dongus-Orun-Paß, sondern über den Paß Jiper-Asau überqueren. Das jedoch war mir nur recht. Nach einigen Klarstellungen über unsere weiteren Ziele und unsere begrenzten Kräfte (denn wir waren beträchtlich älter als diese vier uns völlig unbekannten Russen), schließen wir uns ihnen an. Auf dem gemeinsamen Weg nach unten begegnen wir dann noch vereinzelten Leichttouristen. „Unsere Räuber" aber sahen wir nicht wieder. Von Süden her werden die Wolken vertrieben, und eine gleißende Sonne kommt dahinter hervor.

15:15 Uhr sind wir in einem russischen Alpinistenlager am Ende des Jusengi angekommen. Die Russen haben uns dorthin geführt. Wir sitzen etwas unschlüssig herum. Ein Regenguß geht nieder. Vieles hier erscheint mir wieder so formal, so administrativ durchorganisiert und wenig „zünftig", wie eben „organisierter Tourismus" ohne Seele so ist - Apparatschik-Tourismus. Die beiden sympathischen Männer unserer neuen Freunde holen unterdessen jedoch nur gewaltige Bergrucksäcke von irgendwo her - und schon geht es weiter mit ihnen. Ein Bus wird angehalten. Dann Stopp am Narsan - Flaschen auffüllen. Unterwegs wird der Bus noch ein weiteres Mal angehalten. Viele Deutsche drängten in ihn hinein. Unsere neuen russischen Freunde wollen von uns wissen, ob das „Westdeutsche" sind. Doch das müssen wir selbst erst heraus finden. Wie sich bald heraus stellt, handelte es sich bei ihnen um DDR-Bürger. Sie sind von zwei offenbar „hochstehenden" Swanen hierher geführt worden, hatten in Mestia (Hauptort und administratives Zentrum in Swanetien auf der anderen Seite des Hauptkammes) Quartier bei „Natschalniks", die sie vor einem Jahr bei einem „schwarzen Abstecher" in Mestia kennen gelernt und auch schon in die DDR eingeladen hatten. Jetzt wollen sie vielleicht noch zum Prijut 11 hinauf.

Wir fahren weiter mit dem Bus im engen Tal bis zur Liftstation am Elbrus - Terskol - zugleich Ende der Straße. Nur an wenigen Stellen kommt man mit einem Auto über den Kaukasus - hier in der weiteren Umgebung nirgendwo.

17 Uhr befinden wir uns auf „dem Zeltplatz" unterhalb der Seilbahnstation im Kiefernwald. Das Tal neigt sich in Terrassen nach unten hin zum Fluß. Hier stehen viele Zelte von Touristen

Von Angelas Bergschuhen löst sich die Sohle. Das Oberleder reißt regelrecht aus der Sohle heraus. Mit Nadel, Zange und Perlonfaden gelingt es mir, den Schaden vorerst zu beheben.

Unterdessen regnete es wieder. Ab und zu muß ich in unser kleines Zelt flüchten. Die Russen kochen derweil eine Pilzsuppe - Pilze „vom Weg". Die mußte man nicht erst noch lange suchen - und Tee. Für diese Kocherei besitzen sie die gleichen „Camping-Kocher" wie wir in der DDR und stellen einen schmalen Topf gleichzeitig auf zwei dieser Kocher. Wir werden von ihnen bewirtet.

Unterdessen sind die Berge ringsum und hoch über uns allesamt in den Wolken verschwunden: „Alles ist zugezogen!" Die weitere Entwicklung des Wetters bleibt unklar. Doch wir fühlen uns gewappnet.

Auf dem Biwakplatz „Gostinitza"

22.08.89 Di. Die ganze Nacht lang hat es geregnet. Mein Schlafsack ist an den Füßen vollkommen durchweicht. In unserem Kieferndickicht tropft es überall von den Zweigen. Doch 7:50 Uhr haben wir klaren Himmel. Hoch oben über den Bergen steht der Mond. 9:15 Uhr können wir noch unsere Reste von der Narsan-Quelle trinken. Ringsum gibt es jetzt nur noch milchiges Bachwasser - falls man durstig sein sollte. Daß es sehr reich an Mineralien sein muß, sieht man ihm unmittelbar an.

Tolja hat sich auf den Weg zur Post gemacht. Er will ein Telegramm aufgeben und dann mit Kira noch etwas einkaufen gehen. Shenja hatte sich mit seiner jungen Bergfreundin ins Zelt zurückgezogen. Wir saßen draußen und frühstückten und sahen, wie plötzlich die Planen vibrierten und hörten, wie es im Zelt munter stieß und ächzte und wußten, daß unser drahtiger Shenja offenbar seinen Dienst an der schönen Tanja verrichtete. Das freute uns beide. Wir schmunzelten und grinsten wissend.

Ich spaziere zur Liftstation. Dort überall liegen Alpinisten herum - malerisch verteilt unter einem Mauersims. Sie schlafen. Vor ihnen befinden sich noch die Reste ihres Abendbrotes von gestern. Doch die Seilbahn ist außer Betrieb. So wird es auch nichts mit einem zweiten Besuch auf dem Prijut 11, den unsere Russen vermutlich mit eingeplant hatten.

Dann brechen wir auf zu unserem nächsten Ziel. Es geht jetzt direkt in die Azau-Schlucht hinauf und von dort zu unserem nächsten Rastplatz. Für die Orientierung in den Bergen besaß der Tolja nur handgezeichnete Karten. Daneben hatte er aber auch noch schriftliche Wanderberichte mit Fotos von der hiesigen Landschaft, nach denen er sich orientierte. Angela erfährt von ihm, daß er für diese Wanderungen, die er hier nun auch mit uns macht, später einen „Führungsnachweis" erhält, den er für seine weitere bergsportliche Karriere auch brauche. Er zeigt mir seine „Wandergenehmigung" extra für diese „Marschroute" - mit vielen beeindruckenden Stempeln und Unterschriften. Da kann ich nur staunen - wieviel so sehr verschiedene Möglichkeiten es doch gibt, sich im Gebirge zu bewegen! Bei solch einem staatlich geprüften Experten aus Moskau befinden wir uns nun offenbar doch in besten Händen.

11:30 Uhr, Ende der Rast und Abmarsch. Eigentlich ist es schon ziemlich spät, wie ich meine. Wir gelangen weiter in der Azau-Schlucht dem Paß entgegen. Was auf unserer Karte nur ein Strich ist, nämlich der Baksan, entpuppt sich hier als ein gewaltiger Canon mit etwa fünfhundert Meter hohen Steilwänden an beiden Seiten - oder waren es doch nur zweihundert Meter? Es geht jedenfalls weiter vorbei an steilen Felsen. Gleich rechts vom schmalen Rand stürzt der breite Bach zu Tal. Es geht vorbei an schwarzen Basaltsäulen, über denen weiter oben gewaltige Massen erstarrter Lava ruhen. Das Gestein hier auf der Nordseite des mächtigen Vulkankegels ist das typische Elbrusgestein aus schwarzen und ziegelroten Schlieren. Die andere Seite des Tales wird offenbar aus hellem Granit gebildet - Auffaltungen. Die Lava der Nordflanke des Elbrus enthält viele Höhlungen, Kavernen. Ganz unten sprudelt aus solchen Löchern Wasser heraus.

Zum Teil wandern wir jetzt über Lockermassen, die unter den Schuhen wie Schlackengrus knirschen. Dazwischen sind ockergelbe Steine zu erkennen - vielleicht Graniteinschlüsse und einst von der umgebenden, heißen Lava zermürbt? Ringsum zeigen sich hier und da schäumende Wasserfälle. Und alles sieht hier unten im Talgrund aus, als wäre es soeben erst eingestürzt. Der Nordrand der Schlucht (unsere Hauptwanderrichtung verläuft in Richtung Süden) ist oben mit seltsam geformten Lavatürmchen besetzt, wie mit Zinnen. Und es scheint irgendwie nach Schwefel zu riechen. Im Süden leuchten Eisgipfel über smaragdgrünen Hängen.

14:20 Uhr wird eine Rast auf den Schutthalden eines Gletschers eingelegt. Hier befinden wir uns etwas oberhalb und seitlich des Gletschertores auf dem Azau-Gletscher, der hier die Schlucht ausfüllt. Es ist das erste Mal in meinem Leben, daß ich tatsächlich über einen Gletscher gehe. Doch es ist ganz anders, als ich es mir vorgestellt hatte - kein weißes oder blaues Eis unter den Füßen, sondern eine Mondlandschaft aus schmutzigem Schutt - schwarze Haufen, gelbe Haufen aus Lockergestein - weich, teilweise rissig, wie mutwillig von Kippern abgekippt - dazwischen Schwemmflächen - hier und da trübes, graues Eis. Das alles könnte auch eine Halde mit Industriemüll sein, Gießereiabfälle vielleicht, Bergbaurückstände. Tiefe Löcher, Spalten und Risse sind im Gletscher zu erkennen - der Gletscher lebt. Wir hörten es überall unter uns tropfen und glucksen und schaben und klatschen.

In der Mitte dieses wilden Gletscherbereiches machen wir Rast - mit romantischem Blick abwärts ins dunkle Tal hinunter und in der Gegenrichtung nach oben hinauf auf leuchtend weiße Gletscherabbrüche - eine wahrhaft gigantische Szenerie. Und aus den Wolken schiebt sich zögernd die Sonne. Auf einmal entdecke ich mitten auf unserem Rastplatz in der Schwemmerde ein faustgroßes Loch, welches sich nach unten erweiterte und unergründlich schien. Wir gucken alle etwas erstaunt, bleiben aber sitzen. Am Ende unserer kurzen Rast ist dieses Loch mannsgroß geworden. Gleich darunter befindet sich aber wieder ein Sandkegel. Wir nehmen unsere Kraxen zur Seite, weil wir befürchten, sie könnten womöglich in dem sich unmerklich öffnenden Loch verschwinden.

Shenja und Tolja kochen wieder. Sie kochen bei jeder größeren Rast, außerdem auch noch früh und abends. Früh dauerte diese ganze Prozedur zwei Stunden.

Ich finde während dieser Rast auf dem Gletscher übrigens zum ersten Mal Zeit und Muße, eine grobe Skizze der Umgebung anzufertigen. Malen braucht Kontemplation und Zeit. Eigentlich komme ich fast gar nicht dazu.

15:40 Uhr, Aufbruch. Es geht wieder herunter vom Gletscher und über hellen Granit mit großen Glimmereinschlüssen den steilen Südhang hinauf. Hier fühlte ich mich sicherer. Diese „Marschroute" ist nun aber auch sehr bewandert. Wir begegnen vielen Gruppen - aber keinen Deutschen.

16:30 Uhr, der Aufstieg für heute ist fast beendet. Er führte aus der Schlucht hinauf auf einen flachen, weiten Hang. Und in meinem Fotoapparat ist wieder einmal der Film gerissen. Damit sind die letzten Bilder, die ich fotografierte verloren - Pfusch, dem wir hilflos ausgeliefert sind = Sozialismus. Das aber ist ein etwas ungerechtes Urteil. Denn mein Fotoapparat ist fast dreißig Jahre alt und hatte die meiste Zeit sehr zuverlässig fotografiert.

16:458 Uhr, der Zeltplatz ist erreicht. Von unseren Freunden wird er, „petschonoje (oder peschtschonoje?) gostinitza" („Konditorei" oder „Gebäck-Gaststätte"?) genannt - 2800 Meter, ein flaches Hochtal, herrliche Bäche ringsum und Wasserfälle, Blumen und Sand. Und viele Leute lagern hier oben, viele Zelte (ca. 20). Das hatte ich nicht erwartet nach unseren Eindrücken am Betscho-Paß. Auch hier finden wir wieder ein paar liegen gelassene Bergschuhe, die Angela sogar passen. Sicherheitshalber schleppen wir die dann einige Zeit mit, falls ihre Schuhe doch noch kaputt gehen sollten. Man kann ja nie wissen - Schuhgeschäfte sind weit weg.

17:50 Uhr, gleich nach dem Zeltaufbau beginnt ein Nieselregen. Die großen, rund geschliffenen Granitbrocken, die hier überall herum liegen, beginnen zu glänzen - eine malerische Gegend. Wolken und Nebel wallen vorübergehend ins Tal hinunter. Unsere Freunde kochen wieder Suppen, Pilze, Tee ... Nach dem Essen werden wir in ihr Zelt eingeladen. Der Alpinist Tolja zeigt uns seine Ausrüstung. Er hat sogar eine Eisschraube mit. Mir waren vor Tagen, als wir unten in Tscheget zelteten, Eisschrauben von zwei Leuten mit geheimnisvollem Getue angeboten worden - Schwarzverkäufer. Sie sollen gut sein - Titan - fest und leicht. Eine Schraube sollte neun Rubel kosten. Ich hatte sogleich entsetzt abgelehnt, weil ich an Diebe dachte oder Räuber.

Tolja und Shenja haben ein Seil mit, Abseilausrüstung, Eispickel, Schutzhelme (ab und zu „muß" ich dann auch einen solchen tragen) - aber keine Steigeisen. Sie wandern teilweise mit Arbeitsschuhen. Überhaupt ist ihre Ausrüstung sehr improvisiert, fast alles Eigenbau oder von ihrem Klub geliehen. Doch alles erweist sich als sehr durchdacht und praktisch. Interessant ist ihr Zelt: Getragen wird es von zwei Skistöcken, die sie sonst zum Laufen nehmen. Innen hängt ein zartes, aber festes Gewebe aus Fallschirmseide. Der Zeltboden und das einfache Zeltdach bestehen aus einem festen, wasserdichten Spezialgewebe. Vier Leute passen bequem hinein. Alles in allem soll es nicht mehr als zwei Kilo wiegen. Die Seitenwände des seidenen Innensackes sind an Fäden aufgehängt. Das Material für alles haben sie „über Beziehungen" bekommen. Als Schlafmatten verwenden sie leichte, quadratische Polyurethanplatten, die mit Ringen aneinander gebunden sind. Vier solche Platten ergeben eine Isoliermatte. Ihre Schlafsäcke sind aus der DDR. Das Zelt machte insgesamt einen guten, soliden Eindruck, nur gegen Sturm schien es mir etwas anfällig.

Am Abend gehen über uns Graupelschauer nieder. Wir verbringen die Nacht auf dem höchsten Punkt, wo wir in diesem Urlaub je schliefen.

Über den Paß Jiper-Azau

23.08.89 Mi. 7:05 Uhr, die Sonne schiebt sich über die Berge, ein wunderbarer Morgen - hier müßte man jetzt allein und frei sein! Klarer Himmel auch schon in der Nacht. Ich beobachtete eine grelle Sternschnuppe über dem einsamen Gletschereis. Im Zenit steht der abnehmende Mond. Die Natur ist mit uns, wir sind in ihr - jedenfalls nachts, wenn alles schläft. Dann setzt sie ihre Zeichen.

Wandern mit unserer neuen russischen Bekanntschaft

Bei meiner Frau kann ich wieder einmal deren typische Instinktlosigkeit beobachten. Nachdem ich für unser Trinkwasser gestern bis hinauf zum Wasserfall gewandert war, der sich oberhalb des Zeltgebietes befindet, betreibt Angela diesen Aufwand nicht. Gleich unterhalb dieses Wasserfalls wird diese Gegend nämlich von den hier ringsum Übernachtenden nicht nur als Waschplatz sondern auch als

Abort genutzt. Angela hätte nur durch ein anmutiges, kleines Tal zum Bachoberlauf gehen müssen, um „unberührtes Wasser" aufzufangen. Doch sie schöpft unser Trinkwasser von weiter unten und rührt es auch gleich mit unserem kostbaren Trinkfixpulver an - und auch gleich zwei große Flaschen davon - Wasser ist eben Wasser.

Und das Wasser wäre doch „glasklar" erwidert sie verärgert über meine Vorhaltungen. Mich beruhigt das überhaupt nicht. Doch ich tröste mich damit, daß dort viel Wasser floß, wo sie schöpfte und daß hoffentlich nicht alle Wanderer, die sich dort ausgelassen haben, Ruhr, Hepatitis, Cholera, Typhus etc. hatten.

9:05 Uhr, Abmarsch. Von Osten ziehen langsam Wolken heran. Es geht etwas nach links an einem Gletscherbach entlang und weiter aufwärts. Das flache Tal weitet sich. Gewaltige Eisfelder werden sichtbar. Andere Wandergruppen bewegen sich in westliche Richtung, wollen vielleicht den Elbrus im Süden umrunden - auch interessant. Denn wenn wir, wie Ralf anfangs geplant hatte, in Elbruskij gelandet wären, hätten wir vielleicht genau auf diesem Weg in Gegenrichtung den Kaukasus überqueren müssen.

10:45 Uhr, wir stehen am Eisrand. Schmelzwasserrinnsale kommen uns auf dem Schnee von oben herab entgegen geflossen. Es geht nun ein sanft aufsteigendes Eisfeld bergauf, welches bis oben zum Übergang, zum „Perewal", zu reichen scheint. Einzelne, kleine aber ungefährliche Spalten sind in diesem Eis zu erkennen.

11:35 Uhr und wir stehen auf dem Paß „Jiper-Azau" (gesprochen „Asau" - mit stimmhaftem s-Laut. Ich schreibe diese Namen hier einfach so hin, wohl wissend, daß ich ihre „richtige" Schreibweise nicht kenne und daß derartige Landmarken sowieso verschiedene Namen tragen, besonders hier im vielsprachigen Kaukasus.)

An diesem Paß endet Rußland oder genauer sein autonomes Gebiet Balkarien. Vor uns liegt das muslimische Abchasien. Und gleich links über der nächsten Seitenkette der Berge beginnt das christliche Swanetien. Dort wollen wir hin, damit auch wir einmal in diesem sagenhaften Hochland gewesen sind.

Kira öffnet ihren Rucksack und verteilt Bonbons, Nüsse und Trockenpflaumen. Shenja zündet in einem besonderen Gefäß auf einem Stein eine Flamme an zu Ehren der sowjetischen Kämpfer, die hier einst gegen die Deutschen Widerstand geleistet hatten. Im Jahre 1942 waren die Deutschen bis hierher gelangt - allerdings ohne großes Aufgebot. Welche Armee versucht schon an solch unwirtlicher Stelle in einem fremden Land weiter vorzudringen! Immerhin hatte man einen Trupp bis auf den Elbrusgipfel hinauf geschickt, damit dieser dort die Hakenkreuzfahne hißt - für die Kameras der deutschen Wochenschauen. Diese fremde Fahne wehte dann ein paar einsame Tage dort oben, bis sie bald darauf von einem Einheimischen wieder herunter geholt wurde.

Auch Angelas im Krieg verschollener Vater hatte aus einer Gegend nördlich des Kaukasus Briefe nach Hause geschrieben. Vielleicht hatte er sogar den Elbrus aus der Ferne gesehen. So nahe heran wie seine Tochter dürfte er jedoch nicht gekommen sein - ging auch nicht, weil er Befehlen zu gehorchen hatte.

Überhaupt befinden sich hier neben dem Obelisk viele Gedenktafeln verschiedenster Art von Bergsteigern, von Komsomolgruppen, von Studenten. Nur eine Bezeichnung dieses Passes mit Höhenangabe, die fehlt (diese ist vermutlich ein strategisches Geheimnis und nur Eingeweihten bekannt - und sämtlichen Feinden der großen Sowjetunion). Stattdessen erhebt sich ein Obelisk auf dem schmalen Grat, ein merkwürdiger Metallschrank ohne Tür. Ich selber schätze diese besondere Paßhöhe auf 3000 bis 3200 Meter.

Sommergewölk um uns herum und ein klarer Blick auf die zwei mächtigen Elbrus-Gipfel. Im Süden öffnet sich der Blick in ein tiefes, einsames Tal, umgrenzt von hohen, weißen Schneegipfeln.

12:15 Uhr, Abstieg und Abschied vom Elbrus sowie von der imposanten Nordseite des hiesigen Kaukasus. Zuerst geht es auf einem sehr steilen Schotterhang hinunter - heller Granit. Unten rechts ist ein schmales Stück eines Berg-Sees zu erkennen. Doch sein größter Teil bleibt unter Eis verborgen.

13:40 Uhr, große Rast im Hochtal neben einem Schneefeld. Die Sonne brennt heiß von oben herab, Mittagspause, Shenja und Tanja kochen. Wir ziehen uns unsere Schuhe aus und baden die Füße im Schnee. Das tut gut. Tolja geht ein Stück weiter und badet sich im Wasser unter einem Eisabbruch. Ich fertige derweil die zweite und letzte Skizze an, die ich in diesem Urlaub versuche. Weiter unten, tief neben einer Schwemmlandfläche, steht ein Zelt. Vier Leute kann ich dort beobachten. Am Himmel steht Quellbewölkung.

Hier in diesem kaukasischen Südtal finden sich nun überraschend viele Blumen auf den grasigen Hängen - Margeriten, blaue Blüten, Vergißmeinnicht, gelbe Blumen - wer kennt sie alle, und wer möchte hier nicht Botaniker sein?

15:15 Uhr, Rast an einem zweiten Obelisken links vom Schwemmfeld. Den Gletscherbach hatten wir kurz davor überquert. Beim Zurückschauen ist oben, etwas links, noch immer und unterdessen ganz winzig der Paß zu erkennen - eine kleine Delle in der Horizontallinie des Gebirges, rechts davon ein großer Gletscher.

16 Uhr, Rast am Gletscherbach. Dann geht es immer tiefer hinab ins Tal. Stärkere Bewölkung kommt auf, teilweise Schichtwolken, die langsam in Richtung Osten ziehen. Das Wetter „steht" wie schon seit Tagen, so als scheine es nicht zu wissen, was es will. Bachüberquerung, etwas aufwärts, wo sich dieser Bach vom zweiten östlichen Gletscher zerteilte.

16:45 Uhr - wir schreiten durch kleine Blumenwiesen, weiße Blütendolden wie Lilien, kopfhohe Glockenblumen, hohes Gras, moosige Bäche. Rast auf einem kleinen Schuttkegel, heller Granit. Dann gibt es eine weitere Bachüberquerung. In diesem Teil scheint es keinen Weidebetrieb zu geben. Das Gras und die Blumen können wachsen. Weiter unten entdecke ich zwei Touristen.

Wir befinden uns hier im letzten georgischen (swanetischen) Tal. Im Westen oben auf dem Kamm soll die Grenze zu Abchasien verlaufen. Tolja sucht jetzt „unseren Zeltplatz" mit der Narsanquelle. Es geht immer weiter bergab. Rechts von uns tost der Fluß Nenskra zu Tal. Wir passieren die beiden Touristen. Bei ihnen - Frau und Mann, georgische Physiognomie - liegt ein dritter junger Mann. Dieser hat seinen Kopf in einen leeren Rucksack gesteckt, zusätzlich mit einer Mütze abgedeckt und tut so, als ob er in dieser verkrampften Haltung hier schläft, während Tolja mit dem anderen Mann diskutiert und Angela an einem Seitenbach wieder die Wasserflasche füllt. Vielleicht ist der Mann im Rucksack einer der „georgischen Rebellen", von denen wir hörten, daß sie auch hier in den Bergen „herum spuken" sollen?

Weiter unten begegnet uns dann noch eine größere Touristengruppe. Im Gras finde ich reichlich Blaubeeren. Und die Blumen werden immer höher - Riesenwuchs. Wir wandern wie die Heinzelmännchen durch die Wiese, nur noch die Köpfe schauen zwischen den Blumen hervor. Aber mit uns ist zugleich eine Hast - als würden wir etwas verpassen - Ruhelosigkeit, Unrast - und das gerade hier, wo man sich eigentlich länger aufhalten sollte, wenn man es nun schon einmal bis hierher geschafft hat. Wie ist das zu erklären?

18 Uhr, am „Zeltplatz". Dieser ist deutlich als ein solcher zu erkennen - Steine, Feuerplätze, kahle Flächen zwischen Blumenstauden. Den Narsan finden wir etwas weiter oben dicht am Fluß und versteckt im hohen Gras. Ein Pfad führt dorthin. Es ist ein ruhiger, winziger Tümpel mit Steinen eingefaßt. Etwas mehr talwärts entdecke ich hinter einer Bodenwelle noch zwei weitere Zelte. Am Abend tauchen vier Deutsche auf. Sie hätten „Urlaub in Swanetien" gemacht, so erzählt einer von ihnen. Er erscheint mir aber affektiert und wenig geeignet für vernünftige Rede.

Abendessen im Zelt bei den Freunden. Wir essen fast nur von ihnen mit. Sie wollen es so. Sie teilen alles mit uns. Kleine Stechfliegen, Gniezen, machen sich unangenehm bemerkbar. Nachts regnet es. Tolja schätzt die Höhenlage unseres Lagers auf 2400 Meter.

Über den Basso-Paß ins Nakra-Tal

24.08.89 Do. 6:30 Uhr, Nebel, der sich langsam hebt. Draußen ist alles naß, Vogelgezwitscher und auch gleich wieder diese lästigen Gniezen. Gelbe Krokusse wachsen hier reichlich. Warum werden diese schönen Blumen nicht so mit den Bergen in Verbindung gebracht wie der blaue Enzian?

Im Südwesten über dem Tal erscheint ein vollkommener Regenbogen. Aus dem Backenzahn bricht mir eine große Amalgamplombe heraus. Auch das noch! Die Russen haben getrocknetes Brot mit, welches nach einer Weile des Weichens im Tee immer noch einen harten Kern behält.

9:00 Uhr Abmarsch. Wir wandern zum großen Schuttkegel talabwärts und dort an einem Bach entlang links nach oben hinauf. Shenja und Angela versuchen den weiteren Weg erst einmal in diesem Bach entlang, müssen aber wieder umkehren. Es wird etwas unklar, wie es weiter geht. Der Pfad, auf dem wir uns jetzt bewegen, scheint nicht häufig begangen zu werden. Wir wollen nämlich hinüber in das andere Seitental - dasselbe, wo man hinein gelangt, wenn man den Hauptkamm über den Dongus-Orun-Paß überquert. Jetzt geht es recht steil einen regennassen, glitschigen Hang nach oben. Wir halten uns dazu an sperrigen Rhododendronwurzeln und -zweigen fest. Auch Birken wachsen hier. Es tropft von den Blättern. Und ich komme mir fast vor wie in einem tropischen Regenwald. Es fehlt nur noch die Anakonda. Angela jedoch wird böse - fängt sich aber wieder. Ihr gefällt diese extreme und auch reichlich anstrengende Kraxelei überhaupt nicht. Reichlich Blaubeeren wachsen auch hier wieder. Doch dafür können wir uns keine Zeit nehmen. Die Kraxen sind schwer. Und es geht ja auch wieder ganz hoch hinauf - heute noch einmal. Ich verteile Traubenzucker. Jetzt haben wir teilweise Felsen. Und es geht weiter steil bergan.

11 Uhr, wir sind an einem Kriegerehrenmal angekommen - mit Grab. Unterwegs immer wieder Riesenwuchs sowie Rhododendronbüsche. Größere Tiere haben wir auf unserer Wanderung bisher noch nicht gesehen (und wir werden auch keine mehr sehen). Aber zwei

frische Hufspuren führen vor uns hier bergauf - also auch Pferde kommen über diesen Paß. Das erscheint mir dann doch beruhigend.

12:45 Uhr und wieder in Eis und Schnee. Ein gewaltiges Schneefeld von mittlerer Steilheit ist zu ersteigen. Wir müssen eigens Stufen treten. Der Schnee auf dem Eis ist weich, keine Spalten. Mir hatte vor diesem immensen Aufstieg etwas gegraut, doch es ging besser, als ich dachte - Traubenzucker. Hier oben ist nun alles wieder Steingeröll. Der Himmel zeigt sich stark bewölkt. Die Wolkenuntergrenze dürfte bei 2800 Metern liegen. Die Wolken spielen um die Gipfel und lassen alles plastisch werden. Wir befinden uns mitten drin in diesem Wolkentanz. Gewaltige Felsmassive erheben sich ringsum über Gletschern. Wir steigen zwischen ihnen immer weiter aufwärts, sind aber noch nicht sehr hoch.

13:30 Uhr, der Basso-Paß ist erreicht - Seitenübergang zwischen Kuarmasch und Gergildasch (im Süden). Auch dieser Paß dürfte zwischen 3000 und 3200 Metern hoch liegen. Shenja macht uns auf Festungswälle aufmerksam, die hier ringsum aus Steinquadern aufgeschichtet sind und sich am Südteil des Berges hinauf ziehen. Vereinzelt sind rostige Reste von Kriegsgerät zu finden. Hier steht wieder ein spitzer Blechobelisk mit vielen Tafeln von Wandergruppen. Auch auf diesem Obelisken fehlen die Angaben über Name und Höhe dieses Passes.

Kira verteilt wieder Bonbons und Nüsse. Ich versuche, einige Fotos zu machen. Wolkenfetzen jagen von Osten herüber. Fernblick haben wir keinen. Der Elbrus bleibt von hier aus hinter anderen Gipfeln verborgen und ist uns unterdessen weit entrückt. Wir stehen auf dem letzten hohen Kaukasus-Paß dieser Wanderung - und womöglich in unserem ganzen Leben. Das ist nun vielleicht auch einmal die Gelegenheit für einen historischen Rückblick und für ein eigenes Kapitel der anderen Art.

Denn vor einem Tag haben wir nicht nur den Kaukasushauptkamm überstiegen, sondern vermutlich auch die Stelle des weitesten Vordringens der deutschen Armee während des zweiten Weltkrieges in dieser Gegend. Das war im Sommer und Herbst des Jahres 1942. Wir waren an einem Gedenkstein vorbei gekommen. Und Shenja hatte uns auf die Verteidigungswälle aufmerksam gemacht. Weiter kamen die Deutschen nicht. Aber sie hielten einige Monate lang den Elbrusgipfel besetzt, zumindest aber das damals schon existierende Elbrushotel „Prijut Odinatzatij" und sämtliche der Paßübergänge westlich davon. Wir kamen weiter - am Ende sogar bis weit nach Georgien hinein und bis in die georgische Hauptstadt - mit einem Omnibus. Denn wir haben das Glück, in Friedenszeiten zu leben.

Über diese alte Geschichte hatte ein deutscher Kriegsteilnehmer von damals später in der BRD ein Buch veröffentlicht:

Alex Buchner: Der Bergkrieg im Kaukasus,
die deutsche Gebirgstruppe 1942; Podzun-Pallas-Verlag 1977:
S.52: So sollte nach der „Führeranweisung" vom 23.7.1942 die im Süden angreifende Heeresgruppe A mit der 17. Armee zunächst die gesamte Ostküste des Schwarzen Meeres in Besitz nehmen und gleichzeitig mit der 1. Panzerarmee in Richtung auf die Ölgebiete westlich des Kaspischen Meeres vorstoßen.
… „Das Gebirgskorps wird über die Hochpässe des Kaukasus westlich des Elbrus in Richtung Suchum vorgehen, um den über Tuapse angreifenden Kräften der 17. Armee den Weg aus der Küstenenge in den transkaukasischen Raum zu öffnen."

Das waren Visionen und wahrlich würdig eines „größten Feldherrn aller Zeiten" (GröFaZ).

S.53: Die Jäger sind unverwüstlich - Mit Ziehharmonika - die Offiziere zu Fuß voraus, am Schluß die endlose Schlange von Mulis, Karetten und Gespannfahrzeugen -
S.55: Aber es gab noch etwas, was bald zur großen Überraschung werden sollte, nämlich eine Art Hotel gleich unterhalb des Elbrus, in 4100 m Höhe. Es war ein Intouristhaus modernster Bauart, ringsum aluminiumverkleidet, mit Zentralheizung, elektrischem Licht, mit 150 Lagerstätten in 40 Räumen und großen Lebensmittel- und anderen Vorräten, unweit davon ein eigenes Küchenhaus und eine meteorologische Station.
… S.63: Gleichzeitig rückt weiter ostwärts unter Hauptmann Groth eine Hochgebirgskompanie in Eilmärschen über Utschku-

lan das Ulla-Kam-Tal herauf, um das Elbrus-Gebiet zu besetzen und damit die linke Korpsflanke zu decken.
... Nachdem seine Kompanie am 17.8. früh den Chotju Tau-Paß genommen hat, steigt Hauptmann Groth seinen Leuten voraus gegen das Elbrus-Haus auf, ohne zu wissen, daß es von einer Schwadron russischer Gebirgskavallerie (natürlich ohne Pferde) besetzt ist. Er wird gefangen genommen, kann aber durch eine List die feindliche Besatzung zum Abzug veranlassen und dadurch den wertvollen Stützpunkt ohne einen Schuß in die Hand bekommen. Die Hochgebirgskompanie sichert anschließend die Paßübergänge und treibt über Gletscher und Felsen Aufklärung nach Osten und Süden vor.
... Jetzt kommt es im Angesicht des Elbrus zu den ersten Hochgebirgsgefechten mit dem Gegner, der sich durch die südlichen Täler heraufzuschieben beginnt.
S.70: Nachdem der erste Gipfelansturm am 19.8. wegen eines wildtobenden Schneesturmes gescheitert war, erreicht eine kombinierte Mannschaft der 1. und 4. Gebirgsdivision unter Führung der Hauptleute Groth und Gämmerler am 21.8. den 5.633m hohen Westgipfel und hißt dort gegen 11.00 Uhr am trigonometrischen Punkt die Reichskriegsflagge.

(Hitler soll übrigens getobt haben, als ihm diese Großtat seiner Gebirgsjäger gemeldet wurde. Ihm schwebte anderes vor als solche touristischen Spezialunternehmungen.)

S.72: Gefechtsvorposten werden vorgeschoben und Aufklärung betrieben. Ein Spähtrupp beobachtet vom zeitweise besetzten 3.034m hohen Bassa-Paß aus hinunter das Nakra-Tal.
S.74: Auf dem Asau-Felskopf steht ein Geschütz auf 3.500m mit direkter Wirkungsmöglichkeit hinunter in das Baksan-Tal mit den feindlichen Stützpunkten bei Tereskol und am „Traktorenweg".
S.111: So trifft am 11.9. beim Gebirgskorps der Befehl zur Zurücknahme aller Kräfte auf die Hauptkammlinie ein, um sich dort in festen Winterstellungen zur Verteidigung einzurichten.

... Der befohlene Stoß zur Küste entfällt!
... Am 27.9. gibt es das höchste Gefecht des ganzen zweiten Weltkrieges, als eine 102 Mann starke russische Kompanie unter Führung eines Oberleutnants, der vor dem Krieg als Bergführer am Elbrus tätig war, im nächtlichen Handstreich das Elbrus-Haus nehmen soll. ... Es kommt zu einem erbitterten Gefecht ... (die überlebenden Russen werden gefangen genommen).
S.116 Weit in das Baksan-Tal hinunter donnert ... ein Gebirgsgeschütz und nimmt Feindbewegungen bei Terskol unter Feuer.
S.178 Lagebericht vom 24.10.: „Auf den Pässen zwei Meter Neuschnee, starker Schneesturm und Verwehungen bis vier Meter. Abgang von Lawinen. Angriffsunternehmen sind nicht mehr erkennbar und auch nicht mehr möglich.
S. 196 Was dem Gegner in fünfwöchigem Ansturm nicht gelang, das vermögen auch nicht zehn Wochen Hochgebirgswinter. ...Bis sie in den ersten Januartagen 1943 der Abmarschbefehl erreicht. Da ziehen sie ab aus den Bergen, neuen großen Kämpfen und Schlachten entgegen.

Entsprechend der Kartenskizze auf S.93 dieses Bildbandes sind die Deutschen damals nicht über das Baksan-Tal zum Elbrus gekommen, sondern aus dem Westen von Utschkulan aus über die Südflanke des Elbrus-Massives entlang. Vielleicht waren sie überhaupt nur wegen der Attraktion des Elbrus hier unterwegs gewesen. Weiter sind sie nicht gekommen.

Und diese ganze, eigentümliche Geschichte wird in diesem Bericht hier auch nur als eine Art Kuriosum eingeschoben. Sie war aber nicht kurios, sondern spiegelt eine Facette deutschen Machbarkeitswahns und (in dieser späteren westdeutschen Publikation) andererseits zugleich das Fehlen endlich nötiger Einsichten dazu.

Für uns geht es wieder weiter. Die vier Russen drängen auf Tempo. Offenbar wollen sie heute noch das Schwarze Meer erreichen. Auf der anderen Seite dieses Seitenkammes, wo es gleich wieder ganz steil hinab geht, ist erst einmal ein langes Schuttfeld zu durchsteigen. Hier muß nun auch ich einen Schutzhelm tragen. Dann geht es weiter in Serpentinen durch eine hohe Blumenwiese bergab.

Die Freunde vor mir verschwinden wieder wie die Heinzelmännchen zwischen Halmen und Blüten. Mir geht das nun doch alles viel zu schnell. Wir rennen wie die Idioten durch ein Paradies. Die Russen jedoch haben offenbar ihren Terminplan zu erfüllen, Kampfeinsatz etc. Nach einiger Zeit bin ich ziemlich verärgert. Da fällt mir noch rechtzeitig ein, daß ich „Knieprobleme" habe und nicht so schnell kann, könnte zwar, will aber nicht. Durch das wiederholte Aufstauchen beim Abwärtssteigen tun mir die Knie wirklich etwas weh. Tatsächlich weiß ich aber auch nicht, daß wir heute noch „sehr weit müssen". Doch so ist es eben, wenn man mit anderen wandert.

Wir sind jetzt „drüben" über dem Hauptkamm und in Georgien. Uns treibt nichts, zumindest nicht derart eilig. Wir könnten sogar auf der Stelle bleiben und hier gleich erst mal wieder übernachten. Könnten wir das wirklich? Denn im Nachhinein will es mir scheinen, daß Tolja als Wanderführer auch noch ein ganz anderes Problem zu beachten hatte - worüber er aber nicht spricht: Räuber? Da war es dann immer besser, sich nachts irgendwo in einer halbwegs zuverlässigen Meute zu befinden - oder ganz, ganz weit oben gut versteckt hinter den Felsen.

Also erst mal wieder Rast - nur mir zuliebe, allerdings an einer Stelle, wo es nun wieder nicht mehr so schön ist - Schotter, schmutziger Schnee. Gegenüber auf der anderen Talseite ist fast zum Greifen nahe eine imposante Berglandschaft zu bewundern: Hohe Gletschertäler, Bäche, Wasserfälle. Wolken kreiseln zwischen steilen Kämmen umher. Der Dongus-Orun, diesmal von seiner Südseite aus gesehen, hüllt sich in Wolken. Ganz tief unten auf der Talsohle zieht sich als dünner, silbriger Streifen der andere Bergfluß „Nakra" entlang. Den Moment für ein gutes Foto habe ich bei dieser Rennerei allerdings verpaßt.

13:55 Uhr, wir machen Mittag. Shenja hat dazu Wasser geholt. Nun erfahre ich auch, daß sie eigentlich vorhatten, erst unten an der Brücke Mittag zu machen. Und von dort wollten die beiden Männer dann eigentlich auch noch mal zum Dongus-Orun-Paß hinauf - ohne Gepäck. Das wäre keine schlechte Idee, wenn sie uns nur vorher davon Mitteilung gemacht hätten! Ich verlasse mich hier ganz auf den Tolja. Das ist praktisch, denn da brauche ich nicht nachzudenken und kann mich mehr umschauen. Doch heute haben sich die beiden in der Zeit offenbar gründlich verplant. Hoffentlich waren wir nicht die Schuldigen.

Dann und wann werden wir von Wolken eingehüllt - Nebelschwaden. Die Wolken kommen von unten das Tal herauf geschwebt und gleiten dann auf den Paß hinauf, von dem wir herunter kamen. Große Quellwolken ziehen von Südost heran. Ab und zu eröffnet sich ein „Durchblick" durch ein blaues Wolkenloch. Dann aber geht es gleich weiter - erst durch ein Buchengestrüpp, dann folgen wieder phantastische Blumenwiesen. Es wird ein wenig regnerisch. Ich habe die Gummijacke hervor geholt. Dann ganz unten am Fluß Nakra befällt uns ein Schreck: Die Brücke ist weg. Das Wasser aber ist reißend. Wer hier in die Engstellen fällt, für den gibt es kein Halten mehr - von oben, vom Paß aus, sah der Fluß aus wie ein Rinnsal. Jetzt ist er ein reißender Sturzbach.

Auf der anderen Seite sehen wir ein einsames, rotes Zelt im Regen stehen. Wir müssen unbedingt eine Stelle zum Überqueren finden. Talaufwärts fächert der Fluß auf in einem flachen Schwemmkegel. Shenja geht immer weiter flußaufwärts. Ich rufe Kolja zurück. Mir scheint es wird nicht besser, wir müssen hier durch. Und nun drängt auch noch die Zeit. Dadurch wird alles das nun doch wieder etwas unüberlegt und hektisch. Die Sprachschwierigkeiten kommen dazu. Ich selber habe immerhin noch so viel Besinnung, daß ich erst mal alle unsere wichtigsten Sachen in eine Plastetüte packe. Dabei stehe ich aber auch schon mitten im Flußbett auf einer Geröllbank. Auch Angela verstaut hier ihre Ausweise und Geld wasserdicht am Körper - falls das Gepäck davon schwimmt. Das muß schon sein, wo doch „die Papiere" so was von wichtig sind, wichtiger als wir selbst.

Tolja ist der Held des Tages. Erst bringt er allein seine schwere Kraxe auf die andere Seite. Danach trägt er Angelas Kraxe hinüber. Dann führt er mit mir die Angela durch den reißenden Fluß - wir haben die Schuhe anbehalten. Das Wasser ist tatsächlich nur knietief. Doch viel tiefer dürfte es nicht sein, denn es hat eine enorme Kraft oder Wucht. Zuletzt holt Tolja seine Frau. Dann geht er noch, um nach Tanja und Shenja zu sehen, die aber weiter oben verschwunden sind, während wir Strümpfe und Hosen auswringen. Dabei nieselt es nun auch unaufhörlich - alles in allem eine nasse Angelegenheit. Im Süden, zum Talausgang zu, zeigt sich blauer Himmel unter düster grauem Gewölk. Ein einziger Blitz zuckt grell auf unmittelbar gefolgt von einem sofortigen Donnerschlag, der noch lange laut dröhnend durch das Nakra-Tal rollt.

So also empfing uns Swanetien.

Die anderen beiden tauchen auch wieder auf, gefolgt von einem Einheimischen mit Pferd und Maultier. Es ist der, dessen Spuren wir beim Aufstieg am Morgen gefunden hatten. Er hatte vor uns den Paß überquert - und Tanja und Shenja sind beide auf dem Pferd über den Bach geritten ...

Doch nun geht es wieder weiter das idyllische Nakra-Tal hinab und das nun doch wieder in einem sündhaften Eiltempo durch die tausend Schönheiten. Hier überall wachsen nun keine Kiefern wie auf der Nordseite des Kaukasuskammes. Wir treffen auf Buchen, auf verkrüppelte Birken, Ahorn, Ebereschen und schließlich auch noch auf mächtige Fichten und Tannen. Tief im Taleinschnitt im Süden Swanetiens glänzen sehr fern im Licht der Abendsonne die weißen, spitzen Bergpyramiden der Leilakette. 19:30 Uhr, Fichtenwald an den Hängen ringsum. 20 Uhr, Hochwald auch unten im Tal - Buchen, Tannen, malerische Wasserfälle, Viehweiden, Brücken, zersplitterte Baumriesen (Lawinen?), Kühe, Schweine. „Daran erkenne ich, daß wir Georgien erreicht haben", kommentiert Angela diesen Sachverhalt mit den Schweinen.

„In Georgien sei nur das Schwein ein freier Mensch", so hatte ich nach unserer ersten Visite in diesem Land formuliert. Das stimmt. Es ist erstaunlich, welche geradezu provokante Freiheit das Tier Schwein in diesem Land überall genießt - im Vergleich zum Menschen. Es würde mich gar nicht wundern, wenn ich es in Tbilissi unter dem Lenindenkmal erblicken würde. In seinen Vororten fanden wir es damals schon. Vielleicht sind wir hier tatsächlich genauso „frei" wie so ein paar fette Rüsseltiere - und wissen es nur nicht?

20:15 Uhr, der Regen verfolgt uns, Dämmerung. Nach Tbilissier Zeit ist es hier bereits 21:15 Uhr. Wir haben zum ersten Mal zu Fuß eine Zeitgrenze überquert. Ich verstelle meine Uhr darum aber noch nicht. Jetzt sind wir es, die zum Weitermarsch drängen. Der Wald wird morastig - Viehauftrieb. Das ist allerdings auch romantisch - so in der Dämmerung. Eigentlich möchte ich verweilen. Aber die Unsicherheit drängt uns weiter. Müssen wir wirklich in diese von Tolja uns beschriebene Turbase so weit unten im Süden des Tales?

Wir wandern vorbei an einer Sennhütte - Hirtenhäuschen aus rohen Balken gefügt. Licht brennt darin, Kühe stehen herum. Eine der Kühe wird von einem Mädchen gemolken - Almromantik. Eine Fahrstraße beginnt hier, Schotterweg. Wir müssen über ein Tor klettern. Und aus der beginnenden Finsternis kommt uns laut knatternd ein Motorrad entgegen.

Hier lerne ich nun auch, daß die Romantiker damals nur ihre Realität abgebildet hatten. Hier nämlich sind tatsächlich und leibhaftig Ludwig-Richter-Motive zu bewundern: Alte, knorrige Bäume, Wege, Steine, Tiere, Menschen. Das gab es alles wirklich, das war nicht „nur romantisch". Sie waren Realisten, die damals mit ihrer Muße und ihrer fortgeschrittenen Maltechnik aus den Städten kamen und die Wirklichkeit der damaligen ländlichen Landschaft einfach nur auf ihren Bildern festhielten. Daß sie diese Landschaft als schön

- weil gesund und urtümlich empfanden, war ihre einzige „romantische Sünde" dabei. Dieses Einfache war auch das Bessere, wenn auch zugleich das Vergehende. Das Zukünftige gab es noch nicht. Doch das suchen wir auch heute noch, z.b. hier nun auf unserem eiligen Weg - wohin eigentlich? Unterdessen ist mir auch klar geworden, daß wir nicht die einzigen „Fremden" sind, die hier entlang kommen. Es könnten Tag für Tag Hunderte sein, die diesen Wanderweg bewandern - und die einheimischen haben längst ihre eigene und vermutlich nicht unbedingt freundliche Meinung dazu. Darum liegt mir hier nun auch nicht mehr so viel an der Idylle.

21:00 Uhr, wir befinden uns wieder an einer Hirtensiedlung. Es ist stockdunkel. Aber die Sterne leuchten. Wieder geht es über eine Brücke über die Nakra - diesmal ohne Geländer. Wir tasten uns sehr vorsichtig über den reißenden Fluß. In der Finsternis begegnen wir zwei Männern mit Eispickel. Mir erscheint das merkwürdig, denn sie haben sonst kein Gepäck dabei. Tolja redet mit ihnen.

Glühwürmchen umschwärmen uns. Dann auf einmal elektrisches Licht! Ein heller, greller Schein leuchtet von unten herauf. Es riecht auch nach Lagerfeuer.

Doch vorerst müssen wir uns im Dunklen durch das Brettergewirr eines Bauplatzes tasten. Es fehlte nur, daß hier auch noch jemand in einen Nagel fällt. Dann endlich erkennen wir das weitläufige Gebäude der „südlichen Unterkunft Nakra" (jushny prijut). An einem alten, ausgebauten Heizungsherd sitzen vor dieser Hütte etwa sechs finstere Gestalten und trinken Wein. Einige von ihnen lallen nur noch. Das Gebäude ist umzäunt. Eine Klapptüre führt hinein. Die Schweine liegen trotzdem im Hof herum.

Es dauert eine Weile, bis sich jemand bequemt und uns ein Zimmer zeigt. Es ist ein Zehnbettenraum, der offenbar noch leer ist. Wir finden auch Wasserhähne und Toiletten außerhalb des Hauses. Woher das Wasser aus den Wasserhähnen kommt, das freilich wissen wir nicht. Oben muß ich dann meine Kerzen aus der Kraxe holen, weil im Zimmer das Licht nicht brennt. Irgendwann geht es dann aber doch an. Shenja und Tolja kochen gleich wieder. Kochen ist offensichtlich wichtig für sie. Sie handeln sich dazu sogar noch Benzin ein. Dann findet ein Kurzschluß statt. Das Licht geht wieder aus, und unsere Taschenlampe wird gebraucht. Schließlich verschwindet sie gänzlich. Doch so etwas muß man immer auch einkalkulieren. Auf derartigen Reisen kann man alles verlieren und sollte sich trotzdem nicht entmutigen lassen.

Wir beide sitzen dann oben im Schlafsaal herum - etwas unschlüssig, so wie bestellt und nicht abgeholt. Denn hier wollten wir eigentlich nicht unbedingt hin - müssen offenbar aber. Unsere vier Russen wollen morgen früh gleich weiter nach Suchumi. Irgendwie haben sie es eilig. Wann aber geht es dann weiter und mit welchem Bus? Shenja kommt aufgekratzt von unten ins Zimmer herauf und ruft laut: Charoschaja rebjata also: „Gute Kinder!" oder „reizende Kerle!" Tanja meint dazu, er müsse unten wohl ziemlich gebechert haben, denn seine Augen würden verdächtig glänzen. Und wir alle sollen mit hinunter kommen ans Feuer, so hören wir. Wir gehen. Auch uns wird etwas eingeschenkt aus einer bauchigen Flasche - angeblich Wein aus Telawi. Sprüche werden gezimmert. Doch ich verstehe nicht viel, lerne aber, was „guten Tag" auf swanisch heißt: „Chodscha ladach". Letztlich aber bleibt es steif in der fröhlichen Runde. Zumindest ich empfinde es so. Ich habe auch keine Lust, mich bei diesen mir völlig unbekannten Fremden an unbekanntem Ort nach so einem schönen Tag vollzusaufen.

Wir verabschieden uns, Angela und ich, und gehen wieder hoch. Die Russen bleiben noch. Nach dem Zähneputzen schlafe ich kurz ein, wache jedoch etwas beunruhig bald wieder auf. Ich höre, wie im Zimmer leise Gespräche geführt werden. Angela bemerkt, daß ich munter bin und flüstert mir leise etwas zu. Von ihr erfahre ich nun, daß einer der Swanen vom Feuer unten jetzt mit hier oben bei uns im Zimmer läge. Sie hätte verstanden, wie der unsere Russen gefragt habe, wieviel Angela russisch versteht. Dann habe er sie noch gefragt, warum sie so lange mit uns herum gezogen seien, warum sie uns nicht einfach irgendwo in eine Schlucht geworfen hätten, das würde doch hier niemand merken ... Damit ist es bei mir mit dem Schlafen nun erst mal vorbei. Ich tröste mich damit, daß es vielleicht nur Angelas überhitzte Phantasie ist, die sie solches verstehen ließ. Vielleicht war es auch bei ihr überhaupt nur ein Traum im Halbschlaf? - Es wir jedenfalls eine schlechte Nacht.

Nach Swanetien

25.08.89 Fr. Früh zeitig stehen wir auf. Als ich draußen auf dem Hof beim Zähneputzen tüchtig gurgele, scheint sich das Schwein für mich zu interessieren. Denn bei diesen Klängen beginnt es andächtig zu lauschen und mich aufmerksam zu betrachten.

Gestern Abend war noch ein Bus angekommen. Der steht jetzt im Hof. Es wird noch einmal Tee gekocht und gemeinsam gefrühstückt. Wir sind unterdessen spät dran. Der Bus ist schon voll. Es müssen außer uns noch viele weitere Leute hier übernachtet haben - aber wer? Vielleicht eine der organisierten Gruppenwanderungen, für die auch dieser Bus organisiert ist?

Angela fragt Tolja wegen des eigentümlichen Gespräches in der Nacht. Der lächelt etwas verlegen und sagt, der Swane wollte, daß er sich mit ihm prügle. Er sei aber nicht darauf eingegangen. Doch er sei ziemlich betrunken gewesen. Dann läuft Tolja mit irgendwelchen Geldsummen im Haus umher. Wir bezahlen nichts.

Der Bus soll uns bis an den Abzweig nach Mestia mitnehmen. Im Gang des Busses zwischen den Sitzen liegt ein Stapel langes Schnittholz. Darauf finden wir noch Platz. Wir waren zuletzt eingestiegen und müssen als erste wieder raus. Da ist das sogar günstig - so meinten wir. Aber der Bus ist hier auch ein wenig ein Linienbus. Es kommen noch etliche Leute und wollen mit und steigen ein.

Dann geht es los - und auf einer holprigen Straße, die in einem katastrophalen Zustand ist. Es geht ziemlich steil bergab. Das müssen schon ganz besondere Autos sein und geübte Fahrer, die hier fahren können - wenn man das überhaupt noch Fahren nennen kann. Es gleicht eher einem „Steigen auf Rädern".

Im ersten Dorf hält der Bus. Auf Anfrage des Fahrers wird uns zu unserem größten Erstaunen unsere Taschenlampe von draußen herein gereicht.

Dann geht es weiter hinab. Es erscheint uns fast unglaublich, wie tief es hier hinunter geht - Serpentinen, enge, unübersichtliche Kurven, gigantische Hänge links steil nach oben, rechts ebenso steil und tief nach unten. Dazwischen, eingesägt in den Hang, schlängelt sich das schmale Band der Straße. Von unten kommt uns ein Kipper entgegen. Die Straße aber ist viel zu schmal, als daß die beiden großen Autos aneinander vorbei kämen. Der Kipper stößt zurück, bis sich dann bei einer Kurve unser Bus gerade so an ihm vorbei schieben kann. Ein Rad hängt bereits bedrohlich über dem Abgrund. Wenn es da hinab ginge, dann kullerte der Bus nur noch - mitsamt der Leute und den Holzbalken in ihm.

Dann aber haben wir endlich das Engtal des Inguri erreicht mit der einzigen Verbindungsstraße zwischen Swanetien und der Außenwelt. Wir steigen aus. Der Bus fährt ab. Die russischen Freunde winken. Sie wollen für den Rest ihres Urlaubes an das Schwarze Meer und am sonnigen Strand ausbaumeln - insgesamt keine schlechte Urlaubsidee.

Unterdessen ist es 7:30 Uhr am Morgen. Wir hocken einsam und verlassen am Straßenrand - aber nicht „gottverlassen" wie Angela meint. Doch wir befinden uns in einem fremden Land. Wir wissen nichts von der Welt hinter den Bergen. Und niemand weiß, wo wir sind - irgendwo verschollen im großen Kaukasus?

Über uns wölbt sich ein klarer Himmel. Das Tal ist hoch und steil in die Felsen eingesägt, eng und unübersichtlich - Laubwald. Vom Hochgebirge ist hier nichts mehr zu sehen. Es erinnert eher an Thüringen. Und es ist eine gute Asphaltstraße, an der wir sitzen. Sie zieht sich direkt am Fluß entlang.

Wer hätte das gedacht: Wir beide stehen am Inguri. Ist dieser Fluß nun vielleicht „der Phasis" der alten Griechen mit dem „goldenen Vlies"? Oder ist das vielmehr der Rioni, der ein Stück weiter im Osten ebenfalls aus dem hohen Kaukasus entspringt? Zu dessen Quelle wanderten wir damals bei unserer ersten Georgienreise vor drei Jahren. Viel Zeit zur Besinnlichkeit bleibt aber nicht. Der Fluß jagt tief unten in seinem eng in den Fels geschnittenen Bett wild schäumend zu Tal. Und bei uns oben kommt ein grüner Jeep die Straße vom Nakra-Fluß hinunter gefahren. Leute steigen aus. Wir fragen. Und wir können mitfahren bis Mestia. Dieses Auto scheint tatsächlich so etwas wie ein Taxi zu sein. Mehrfach steigen unterwegs Leute ein und wieder aus. Einmal sind es zwei Herren mit grauen Swanenkappen. Der eine schwätzt mit Angela und stellt sich als Lehrer für Russisch und Französisch vor.

Wir fahren in Richtung Osten. Das zunächst enge Tal weitet sich allmählich auf unserem Weg stromauf. Weiter unten auf einer geräumigen Talsohle sind Felder abgesteckt. Dörfer tauchen auf. Weit im Süden leuchten hohe Schneeberge. Das ist die mächtige Leilakette, die Swanetien so wirksam vom Rest Georgiens abtrennt. Ab und zu kommen wir an einigen steilen Seitentälern vorbei. Und einmal ist durch ein solches sogar der schneebedeckte Ushba zu sehen - von der Seite und nur mit einem Gipfel. Das Tal weitet sich noch mehr. Wir zweigen ab vom Inguri und befinden uns noch immer auf guter Straße. Schließlich passieren wir das Ortschild Mestia (1470 m).

9:50 Uhr sind wir auf dem Marktplatz von Mestia. Angela bezahlt, wir steigen aus und wollen uns gleich erst mal nach dem Bus nach Tbilissi erkundigen. Auf dem Markt halten sich hauptsächlich Männer auf, die hier irgendwie herum zu lungern scheinen. Frauen sind kaum zu sehen und keine Kinder, dafür aber reichlich Hunde und Schweine. Wir suchen die Kasse für den Bus. Dabei geraten wir aus Versehen in die Druckerei der örtlichen Zeitung „Neues Swanetien" (oder so ähnlich). Hier werden wir sogleich nach Woher und Wohin befragt. Eine Frau, die diese Druckerei offenbar leitet, kommt heraus und will wissen, ob wir vielleicht bei ihr übernachten wollen. Wir lehnen bescheiden ab, sie aber spricht freundlich und beredt auf uns ein, so daß Angela schließlich zusagt. Die fremde Frau will unterdessen sogar die Buskarten für uns beschaffen, und wir sind ganz gerührt, wissen aber nicht so recht, was wir davon halten sollen.

Der Freiberger vom Betscho-Paß hatte mir einen Zeltplatz „über der Narsanquelle" genannt. Eigentlich hatten wir uns vorgenommen, dort zu übernachten. Nun ja, so werden wir uns diesen Platz wenigstens einmal anschauen und verabreden uns für den Abend bei der freundlichen Frau. Sie gab uns ihre Adresse und zeigte uns auch, wo ihr Haus steht. Es gab ein längeres Gespräch. Verwandte von dieser Frau kamen noch hinzu. Ich verstand nicht viel. Aber zuletzt schien es mir, als seien Angela und sie alte Freundinnen.

Unterdessen steigt eine heiß brennende Sonne immer höher über den Marktplatz von Mestia. Hier wollen wir nicht bleiben. Wir erfuhren noch, daß wir über zwei Brücken gehen müßten, um bis zur Narsanquelle zu gelangen.

In der Stadt Mestia fließen zwei Flüsse zusammen. Beide haben sich tief in das anstehende, graue Schiefergestein eingeschnitten - wahre Abgründe. Am Zusammenfluß steht einer der hier reichlichen Wehrtürme, für die Swanetien bekannt ist. Bauern führen einen Schlitten voller Heu über die Brücke. Der Schlitten wird gemächlich von zwei Ochsen gezogen.

Die Quelle haben wir bald gefunden. Sie wird am Straßenrand durch einen Stein bezeichnet. Auf der linken Seite rauscht tief unten der Fluß. Die Straße erweist sich als Sackgasse und endet bei einem einzelnen verschlossenen Gebäude. Das soll eine Jugendherberge sein oder „sollte" es vielleicht sein. Etwas oberhalb der Narsanquelle, im Fichtenwald, findet sich tatsächlich so etwas wie eine Zeltwiese. Ein Tisch und Bänke stehen dort und massenhaft Splitter von zerbrochenen Flaschen liegen überall auf dem kurz geschorenen Rasen herum. Wir sind hier vollkommen allein.

11 Uhr, wir machen uns breit. Auf dem Markt hatten wir Wein gekauft - ein Kilogramm drei Rubel, eine kleine Fischbüchse - zwei Rubel. Es ist also alles teuer, was hier herauf transportiert werden muß. Angela hat auch noch Brot gekauft. Dann müssen unsere Sachen erst mal wieder trocknen. Die Schuhe sind immer noch naß vom reißenden Nakra-Fluß. Doch durch das insgesamt gute Wetter gibt es mit der Nässe keine wirklichen Probleme. Wir ruhen uns aus. Zum Zelten scheint mir dieser Platz wenig geeignet - weil wir hier offenbar die Einzigen sind. Und in Ortsnähe muß man jederzeit mit Besuch rechnen - auch in der Nacht. Und das muß nicht unbedingt ein freundlicher Besuch sein. Dieser Platz ist einfach zu exponiert.

Doch dafür liefert er eine schöne Aussicht, mit weitem Blick über den Ort und die hoch aufragenden Berghänge dahinter im Norden. Die weißen Gipfel der Hauptkette sind nur im Osten zu sehen. Alles wird von einem wolkenlosen Himmel überspannt. Imposante große Fichten und malerische Findlinge sind auf der kleinen Wiese verstreut.

11:15 Uhr. Ein Antonow-Doppeldecker fliegt auf gleicher Höhe wie wir vorbei und landet. Er gehört vielleicht zur örtlichen Fluglinie. Reger Verkehr ist dort unten auf dem Flugplatz zu erkennen - Flugwetter.

12:45 Uhr, Angela schläft auf der Wiese. Doch es ist zu heiß und auch sonst wenig erbaulich hier. So packen wir schließlich unsere Sachen wieder zusammen und wandern trotz der Hitze weiter. Wir wollen noch etwas höher hinauf und uns umschauen. Dazu folgen wir einem Trampelpfad, der irgendwo hinter Zäunen und Gebäuden endet, die oben über einem steilen Hang stehen.

Angela wartet unten. Ich steige erst mal ohne Gepäck voraus. Dann stehe ich vor einer Hauswand, die den weiteren Weg versperrt, an der ich aber vorbei gehe und dabei auf einen freien Platz gelange. Der sieht aus, als wären das ringsum alles Garagen. Das Haus gegenüber könnte ein öffentliches Gebäude sein. Es sieht aber verwahrlost aus.

Ein Auto kommt gefahren und hält. Ein Mann mit einer Kunsthand, der mir schon unten auf dem Markt aufgefallen war, steigt aus. Ein zweites und ein drittes Auto kommen hinzu. Einer der Fahrer winkt mich heran. Aus dem Auto holt er ein Glas und schenkt mir ein. Ich stelle mich als Deutscher vor und entschuldige mich für mein russisches Unvermögen. Er spricht ein paar Worte deutsch: „Gut", „guten Tag". Dann hole ich erst mal Angela herauf. Sie denkt, das wäre Wasser, was nun auch ihr gereicht wird. Doch es ist selbstgebrannter Schnaps und ziemlich stark. Danach werden Brotscheiben herum gereicht - und ich habe gleich wieder finstere Gedanken. Die Leute sind freundlich und erklären uns, wie wir auf den hiesigen kleinen Berg am besten hinauf steigen können.

Sie wollen auch wissen, wo wir wohnen. Wir nennen ihnen den Namen der Frau aus der Druckerei. Dann verabschieden wir uns und steigen auf dem uns gewiesenen Weg - nun reichlich beschwingt - weiter aufwärts. Hier gibt es sogar eine Seilbahn. Doch diese ist außer Betrieb. Auf einem freien Platz, wo wir wieder einen schönen Überblick über Mestia haben, bleiben wir und betrachten uns die Umgegend. Zwei neue, „supermoderne" Gebäude gibt es in diesem Ort. Eines ist die Post, das andere befindet sich noch im Bau. Wir entdecken nun auch die Touristenstation. Sie liegt hoch über dem nördlichen der beiden Flüsse. Es ist weit bis dorthin.

Dann beschließen wir, langsam zu unserem Quartier zu wandern. Es wird ein ziemlich langer Weg. Im Ort haben sich unterdessen viele Rucksacktouristen eingefunden, zum Teil Deutsche. Wir sprechen sie nicht an, sie uns auch nicht. Vielleicht aber wären wir auf dem Zeltplatz doch nicht allein gewesen, und es wäre besser, wenn wir dort unser Quartier bezogen hätten, unabhängig? Dabei erfährt man dann vielleicht auch mehr über die Umgebung und die Wandermöglichkeiten? Wir wissen ja nichts. Informationsstellen,

Karten gibt es keine. Das einzige Buchgeschäft im Ort hat geschlossen. Ansichtskarten von hier scheint es ebenfalls nicht zu geben. Darf man hier überhaupt zelten, oder bedarf es dazu einer Sondergenehmigung von irgendwem? Wird der Zeltplatz in der Nacht vielleicht zum örtlichen Tobeplatz? Was wissen wir schon über Mestia und seine Geheimnisse?

Die Straße streckt sich. Überall im Stadtgebiet begegnen wir Schweinen, die hier wahrhaft frei zu sein scheinen. Und dann müssen wir auch noch wieder zurück, weil das Haus, wohin wir wollen, auf der Nordseite der Straße liegt. An der Friedhofsmauer machen wir Rast. Angela raucht ihre Zigarette und geht dann erst mal auf Erkundung. Der Friedhof erscheint mir leer - nur etwa zwanzig Grabstätten. Über eine von ihnen wird von Zimmerleuten ein Dach angebracht. An einem anderen Grab stehen lebensgroße Ölbilder der Verblichenen: Ein kräftiger, junger Mann ist auf einem abgebildet, dahinter sein Auto, dahinter klein die weißen Berggipfel. Ein Mutterschwein mit Ferkeln tummelt sich am Straßenrand. Eine Katze wird überfahren.

Wir suchen weiter das Haus. Angela weiß noch nicht ganz genau, wo es ist. Wir fragen Kinder. Diese holen ihre Mutter und die tut verwundert, „daß Shenja Gäste hat". Wir werden in ein ganz neues Anwesen geführt. Es ist zwar schon fertig, doch es gibt noch viel zu tun, damit es ganz fertig wird. Das Haus liegt direkt an der Hauptstraße, die hier immer noch „Stalinstraße" heißt. Der Wohnraum ist kahl wie ein Korridor, Wannen stehen in einem Vorraum. Es sieht alles außerordentlich frisch und improvisiert aus. Es gibt auch noch ein Stockwerk. Das ist vorerst aber nur über eine Leiter zu erreichen. Die Decke besteht aus rohen Balken, die nur zum Teil verschalt sind - aber alles ist saubere Arbeit - schöne Türen und alle mit gediegenen Sicherheitsschlössern versehen.

Nun aber wird es etwas steif. Vermutlich sind wir bei vornehmeren Leuten. Angela findet nicht gleich den richtigen Ton, oder unsere selbsternannte Wirtin hat sich unterdessen Gedanken gemacht. Angela denkt nach deutschen Maßstäben, ich ebenso. Sie versucht unserer Wirtin etwas klar zu machen, was diese nicht zu verstehen scheint oder nicht verstehen will. Sie hat uns auch keineswegs Buskarten besorgt, wie sie gesagt hatte. Angela hat Schwierigkeiten, ihr klar zu machen, daß wir die Buskarten dringend brauchen. Doch wir kennen eben auch nicht die hiesigen Verhältnisse, die darin keine Probleme sehen - vielleicht gibt es ja gar keine Buskarten?

Es ist also noch alles unklar. Dann gibt es etwas Brot und danach viel Tee. Die Wirtin scheint mit uns nicht recht zufrieden zu sein. Vielleicht hat sie ihren voreiligen Entschluß, uns beide einzuladen, auch schon bereut und nicht damit gerechnet, daß wir wirklich bei ihr auftauchen? Mir kommt sie jetzt rechthaberisch vor, humorlos, kleinstädtisch beschränkt. Das ist ein hartes Urteil. Doch an diesem Abend fühle ich mich ziemlich deprimiert und würde am liebsten auf der Stelle wieder verschwinden, irgendwo fort in die Berge: Klare Luft, klares Wasser, klare Verhältnisse. Aber wir wohnen jetzt bei ihr. Die frischen Gräber auf dem Friedhof gehen mir durch den Kopf, die Blutrache, die Wehrtürme.

In diesem Haus gibt es auch keine Wasserleitung, geschweige denn ein Bad. Die Toilette ist der übliche Abtritt auf dem Hof und wird von einem wild kläffenden Kettenhund bewacht. Wenn unsere Wirtin draußen ist, muß man erst klopfen, wenn man auch hinaus möchte, weil sie immer einen Haken vor das Tor legt. Auf meine Frage, wo der Berg Leila ist, zeigt unsere Wirtin auf den Tednuld, der aber liegt im Osten, die Leila ist einer der Gipfel im Süden. Sollte sie das wirklich nicht wissen, oder will sie uns nur zum Besten halten und so ihr Mißfallen ausdrücken. Unsere Wirtin ist womöglich gar keine originale Swanin und interessiert sich vielleicht auch nicht für dieses Land? Wir bekommen schließlich ein geräumiges Zimmer zugewiesen mit drei Betten, Schrank, Heiligenbild. Angela verteilt Schlaftabletten. Die habe ich auch nötig.

Aufstieg zu den Almwiesen

26.08.89 Sa. Ich habe erstaunlich gut geschlafen, und ein schöner Tag kündet sich an - Dorfidylle. Die Hähne krähen, der Hund Muchta klafft, Grunzen der Schweine ist zu hören. Im Norden des Kaukasus, bei den „Machmediani" (Muslime) gab es keine Schweine. Das aber fiel mir erst auf, nachdem mich Angela darauf aufmerksam gemacht hatte.

7:30 Uhr - wir sind aufgestanden. Das Wasser zum Waschen befindet sich in Eimern. Wir essen aus unserem Rucksack, packen ein und bekommen Tee von der Wirtin. Dann brechen wir auf. Angela ist es, die unbedingt den Tag nutzen und in die Berge wandern will. Sie hat recht damit, und ich bewundere sie um ihren Elan. Mit der Wirtin machen wir eine Zeit aus, sagen so in etwa, wohin wir wollen und verabschieden uns von ihr. Ich habe den Eindruck, daß uns unsere Wirtin nun endgültig abgeschrieben hat. Lieber sähe sie es vermutlich, wenn wir uns von ihr „ihre" Druckerei zeigen ließen. Das ist sicherlich auch interessant, besonders an einem Schlechtwettertag und wenn wir noch sechs Wochen hier bleiben wollten und dann gleich mal diskutieren, ob wir dort auf ihren Maschinen vielleicht eine Wanderkarte von Swanetien drucken lassen könnten … Doch so ist das mit den Leuten, die vor allem nur sich selber im Kopf haben! Nur fort!

Doch erst einmal führt uns unser heutiger Weg ein Stück nach Westen und dann gleich nördlich in einer Schlucht bergauf.

9:20 Uhr halten wir Rast an einem alten, malerischen Kalkbrennofen einsam mitten im Tal. Der steht an einem Flußufer und ist aus roten Ziegeln gemauert. Unten befindet sich eine Art Feuerstelle, darüber ein grober Rost, auf dem noch die letzte Füllung des Kalkgesteins liegt. Vielleicht ist dieser Ofen gelegentlich noch in Betrieb, oder er wird überhaupt nur bei Bedarf genutzt - interessante Produktionsverhältnisse! Weiter hinten im Tal erkenne ich später so etwas wie einen Schacht - Kalkabbau unter dem Schiefergestein? Der Ofen verfügt sogar über ein kleines, elektrisches Gebläse. Aber lange halten wir uns mit diesen Dingen nicht auf. Wir überschreiten den Bach und folgen auf der rechten Seite einem schmalen Pfad, der uns langsam bergauf führt. Unser Ziel sind heute die Almen, die wir gestern von unten gesehen hatten.

In einer seitlichen Tal-Kluft sprudelt klares Wasser über das Schiefergestein. In unserer Gedankenlosigkeit versäumen wir jedoch, hier unsere Trinkflaschen zu füllen. Denn dann wird der Tag heiß - und jetzt erst mal ohne solche Quellen. Wir steigen weiter aufwärts durch dichtes Haselgebüsch. Es hängen zwar reichlich Nüsse an den Zweigen, doch fast alle sind madig.

10:15 Uhr, Rast im Schatten der Haselbäumchen. Über dem Taleingang imponieren fern im Süden die vielen weißen Gipfelzacken der Leila-Bergkette. Gegenüber auf der anderen Talseite ist ein anderer Almwiesenhang zu erkennen. Riesige Entfernungen können hier überblickt werden.

11:10 Uhr befinden wir uns auf einer steilen Almwiese. Es riecht nach Heu - Trockenheit, lautes Grillengezirpe, zahllose Blumen, zahllose Kräuter - und weite Einsamkeit. Wir halten Rast im Schatten einer einsamen Eiche.

12:00Uhr und immer noch ist ein Anstieg zu bewältigen. Angela strebt direkt nach oben. Ich ziehe den Umweg über einen flacheren Aufstieg vor. Diesmal bin ich im Recht. In den Bergen sind oftmals die längeren Wege die kürzeren, weil sie weniger Anstrengung fordern und damit im Endeffekt auch Zeit sparen. Ein Stück weiter am steilen Hang sind jetzt Sennen beim Heumachen zu sehen. Wir sind also doch nicht ganz einsam und allein hier oben.

Jetzt aber haben wir tatsächlich kein Wasser mehr - und es ist heute glühend heiß hier oben - keine Wolke am Himmel, Kaukasuswetter. Von hier oben können wir nun auch über den Berg schauen, der zwischen Mestia und dem Inguri liegt. Auf demselben befinden sich in größerem Abstand zwei Gebäude. An einem von ihnen ist eine Parabolantenne zu erkennen.

In unserem Talkessel weiter hinten in nördlicher Richtung habe ich einen Sturzbach entdeckt. Dort wollen wir jetzt hin - wegen des Wassers. Doch der Weg streckt sich. Es ist gar nicht so leicht, in der klaren Gebirgsluft die Entfernungen exakt einzuschätzen. Vergleichsmaßstab dafür bieten eigentlich nur die Bäume, vielleicht noch eventuelle Bauwerke, Wege etc. Ein kleiner Steinquader kann sich ansonsten beim Näherkommen als haushoher Felsen entpuppen, ein Rinnsal als reißender Fluß. Zumeist also unterschätzt man die Entfernungen.

Vor uns breitet sich jetzt eine große, wellige Hochebene aus - Weideland. Weit und breit ist kein Baum mehr zu sehen, kein Strauch - aber eine verfallene Hütte. Verschiedene Wassertümpel gibt es in flachen Taleinschnitten. Einer davon führt leuchtend rotes Wasser oder ist zumindest mit einem knallroten Film bedeckt (Cyanobakterien?). Ein anderer Tümpel ist froschgrün, ein dritter dicht mit Binsen bewachsen, ein vierter ist lehmbraun, und etliche Kühe stehen darin herum. Das alles ladet nicht gerade zum Trinken ein - wo wir doch keine Kühe sind. Also ziehen wir weiter.

Auf einer Almwiese. Im Hintergrund der Doppelgipfel des Uschba

Weiter oben auf einem flachen Bergkamm beobachten wir in ziemlicher Entfernung vier Leute, die wie Touristen gekleidet sind, also bunt. Doch unser Weg zum Sturzbach dehnt sich immer noch, d.h. er erscheint noch ebenso weit wie zuvor. Und immer wieder geht es um eine bis dahin verborgende Berglehne herum und wieder weiter und immer noch nicht näher. Von oben brennt die Sonne, und der Durst quält uns - auch wegen des schweißtreibenden Aufstiegs, den wir hinter uns haben. Der Sturzbach indessen scheint vor uns auszureißen. Doch zu sehen ist er noch.

14:30 Uhr sind wir endlich an eine winzige Wiesenquelle gelangt. Aus dieser rinnt ein klares Bächlein über sauberes Gestein. Mit einer Plastetüte, in die ich hinten ein kleines Loch geschnitten habe, füllen wir Wasser ab. Das Wasser ist lauwarm, aber wir trinken es. Doch die Quelle dieses Rinnsales kann es eigentlich nicht sein. Als ich ein Stück weiter nach oben gehe, entdecke ich zu meinem Entsetzen, daß dieses Wasser aus einem kleinen, verborgen liegenden, sumpfigen, morastigen Kuhpfuhl rinnt. Kühe stehen zwar keine darin, doch die Kuhfladen und die Trittspuren sind unübersehbar. Das also war eigentlich unverzeihlich, daß wir uns hier bedienten. Doch um es vorweg zu nehmen, krank geworden sind wir davon nicht - Glück gehabt! Erst weiter oben, direkt an einem ausgetretenen Bergpfad, entdecken wir eine weitere Quelle. Hier ist das Wasser auch wirklich kalt. Und es rinnt direkt aus dem Felsen. Damit können wir unsere Flaschen nun richtig füllen und brauchen nicht mehr weiter bis zu diesem Sturzbach in der Ferne. Dessen Wasser wäre dann auch nicht ungefährlicher als dieses hier. Und weiteres zu sehen gibt es dort auch nicht.

Wir ruhen uns ein wenig aus und wandern dann langsam wieder zurück. Die vermuteten Touristen kommen näher und entpuppen sich als vier sehr junge Damen, die Kühe abtreiben und die - wie wir nun erfahren - nur im Urlaub hier sind und ansonsten in Tbilissi irgendwas studieren. Wenn es sich tatsächlich um Einheimische handelt, dann müßten sie damit in etlichen Sprachen fit sein: Swanisch, Georgisch und Russisch und vielleicht noch in einer westeuropäischen Sprache. Ich versuche wieder von ihnen einige swanische Begriffe zu erfahren:

    Guten Tag - chodscha ladach;
    auf Wiedersehen - chodscha nabus;
    bitte - hesar;   danke - iwasu chari.

Während ich mir diese Worte in mein Heft schreibe, liegt der Hund friedlich und schläfrig bei uns. Die Kühe ziehen langsam weiter - Sommerfrieden. Ein Stück weiter rufen uns die Mädchen zu einer Röhrenquelle und bieten uns ein Glas Wasser an. Ich schreibe ihnen unsere Adresse in Leipzig auf. Vielleicht melden sie sich mal - oder ein anderer, der Interesse an Besuchen aus der fernen DDR haben könnte (nicht unbedingt nur aus Gastfreundschaft). Wir trennen uns von ihnen und wandern weiter, denn wir wollen nun an einer anderen Stelle langsam bergab steigen.

Es geht vorbei an einer Sennhütte. Hier haben wir noch einmal einen großartigen Blick auf Mestia und auf die umliegenden Berge - ein gewaltiges Panorama, ein imposanter Rundblick, überall Schneegipfel, riesige Entfernungen, darüber ein blauer Himmel. Und das ist nun der letzte Tag im Gebirge - Abschied vom Kaukasus. Im Südosten erkennen wir die Berge, die wir uns als Ziel vorgenommen hatten, wenn wir von hier über Uschguli nach Schowi gewandert wären - eigentlich kein Problem, aber nur „eigentlich". Denn tatsächlich müssen wir wegen unserer Flugtickets zu einem bestimmten Termin in Tbilissi sein und davor dort noch einmal übernachten. Man weiß nie, was noch dazwischen kommt und dann Zeit fordert. Und wenn wir in Tbilissi bei Wowa anrufen, vergeht vielleicht auch wieder ein halber Tag oder ein ganzer, bis wir ihn erreichen, schon allein wegen der Sprachschwierigkeiten und unserer sonstigen Unkenntnisse. Ich bin mehr für Sicherheit.

Wir wandern gemächlich weiter bergab. Jetzt haben wir noch viel Zeit. Die Bäume beginnen wieder - alte Bäume, Birken, Kiefern,

Buchen. Bergraben kreisen vor uns über der weiten Ebene des Tales. Dann folgen endlose Serpentinen durch Strauchwerk und Gebüsch. Wir kommen hinten in einem älteren Teil von Mestia heraus und erblicken wieder die Wehrtürme und die vielen urtümlichen Gebäude - alle klein, Zäune, kläffende Hunde, Schweine.

Das Land der Swanen ist bekannt durch diese Wehrtürme. Hier verschanzen sich die Familien, wenn die Blutrache tobt - und das seit unzähligen Generationen. Wenn „es" in der Umgebung keine Feinde gibt, nur kaum übersteigbare Bergketten, dann muß man die eben bei sich selber finden. Ist es so? Auf der Dorfstraße klaube ich aus dem trockenen Schlamm ein schmutziges Kuhhorn und nehme es an mich zu Erinnerung an Mestia. Doch dann bitte ich Angela, daß sie doch lieber den Bauern fragt, der soeben aus dem Haus tritt und zu uns herunter kommt. Er meint jedoch, was auf der öffentlichen Straße liegt, das könne sich jeder nehmen. Er bleibt wortkarg. Ein Gespräch bahnt sich nicht an.

18:45 Uhr sind wir wieder „daheim" bei unsere Wirtin. Für uns war es ein prächtiger, ruhiger Tag gewesen. Wir sehen jetzt alles entspannter und gelassener. Die Zeit drängt nicht direkt. Die Wirtin erzählt unablässig von ihren Rodstwenniki, ihren vielen Verwandten, die sie überall hat und die sich alle gegenseitig unterstützen. Ihr Mann sei viel unterwegs und könnte einen guten Regenmantel gebrauchen, erfahren wir, ob es in der DDR so etwas gibt. Wir wollen uns erkundigen. Wir notieren uns die Adresse unserer Wirtin und versprechen ihr, uns aus Leipzig per Post wieder bei ihr zu melden. Sie hebt meine Kraxe an und will wissen, wie viel diese wiegt. Dann erzählt sie von ihren Reisen nach Ungarn und in die Tschechoslowakei, wie schön das dort war.

Doch niemals hätten sie dazu 20 kg Gepäck im Rucksack mitnehmen müssen. Vielleicht hält sie uns darum nun für arme und dumme Leute, jedenfalls für Unterprivilegierte. Und falls wir ihre Rodstwenniki mal besuchen sollten, dann brauchen wir auch nicht so viel Gepäck mitschleppen, meint sie noch herablassend.

Als ich dann auf der Toilette über dem Loch in der Erde hocke und langsam einen Krampf in die Beine bekomme, krachen hinter mir zwei Flintenschüsse. Gleich neben mir, nur durch eine dünne

Bretterwand getrennt, schmatzen die Schweine. Die Kuh wird gemolken - ländliche Idylle, zugleich aber ganz fremdes Land.

Angela wäscht sich gründlich auf dem Hof im Sternenschein. Licht gibt es dort nicht, auch keine Petroleumlampe. Unser Gepäck ist alles ordentlich verstaut. Fahrkarten haben wir noch keine. Aber morgen geht es los: Auf nach Tbilissi, wenn nicht mit dem Bus, dann mit dem Flugzeug, so haben wir es uns vorgenommen. Heute ist Sonnabend, unser Flieger von Tbilissi nach Moskau fliegt am kommenden Freitag. Es sind also noch fünf Tage Zeit - zu wenig für eine ordentliche Wanderung von hier aus durch die Berge. Doch wie gesagt, bis Tbilissi müssen wir erst einmal kommen.

Reinhold, der vor Jahren in Mestia war, besuchte es mit seinem Freund Wowa (wo wir morgen hinwollen) und einem Alpinisten - alles erfahrene Leute. Da sah das anders aus. Sie waren zu Fuß über den Dongus-Orun-Paß gekommen, ließen sich dann schnell mal von Mestia aus an den Uschba fahren und wieder zurück, wo wir entlang gekommen wären, wenn wir es geschafft hätten, über den Betscho-Paß zu gelangen. Sein Rucksack wird vermutlich auch keine zwanzig Kilo gewogen haben, so nehme ich wenigstens an.

Mit dem Bus nach Tbilissi

27.08.89 So. 7:00 Uhr stehen wir auf. Draußen ist wolkenloser Himmel. Es gibt einen übereilten Aufbruch unsererseits. Wir fühlen uns hier nicht wohl. Doch wir werden von der strengen Wirtin zurück gepfiffen. „Otschen rano!" (Es sei noch viel Zeit!)

7:45 Uhr sind wir auf dem Markt. Dort warten russische Touristen bzw. Alpinisten. Der Bus sollte 7:30 Uhr abfahren. Nach deutschen Vorstellung wäre er also längst „über alle Berge". Doch hier ticken die Uhren anders. Geld will unsere Wirtin von uns keines, alles ist „Gastfreundschaft". Auch diese halte ich für ein georgisches Problem. Andererseits, was soll sie mit ein paar Rubel, wo sie davon vielleicht sowieso zu viel hat - von anderem vielleicht weniger? Zu „anderem" haben auch wir keinen Zugang. Sie wollte einfach auch einmal Touristen als Gäste haben, hörten wir noch von ihr. Vielleicht hatte sie es darauf angelegt, daß wir den Bus verpassen und sie uns am Wochenende noch bei all ihren Rodstwenniki herum führen kann. Vielleicht wäre das nicht einmal so schlecht gewesen - für spätere Reisen in dieses interessante Gebirgsland. Und ein Rodstwennik muß ja auch nicht wie der andere sein, obgleich ich hier schon eher den Verdacht habe, daß die alle mehr als nur gleich sind. (Родственник=Verwandter; род=Sippe, Geschlecht, Generation; родители=Eltern; родина=Heimat.)

9:15 Uhr Abfahrt im Bus. Angela sitzt vorn. Ich sitze hinten zusammen mit den Russen bei den Kraxen. Der Bus ist voll. Wir tragen jetzt wieder unsere „Stadtkleidung". Angela hat ihre Wanderschuhe in Mestia gelassen - ein anderer wird sie finden und vielleicht gut gebrauchen können. Ich habe meine Bergschuhe wegen des Gewichtes anbehalten. Dann noch mal kurz winken - und ab geht es.

Ich atme auf. An einer Wegbiegung der Straße haben wir noch einen letzten Blick auf den Uschba. Dann geht es nur noch talabwärts am Inguri entlang und hinaus aus Swanetien. Der Bus fährt zügig. Das Tal wird immer enger. Schließlich erscheinen steile Felsen links und rechts, und die Straße muß sich in wagehalsigen Schlingen darum herum winden - falls sie nicht gleich direkt durch einen Tunnel stößt. Das ist die Ingurischlucht. Nach den Erzählungen hatte ich sie mir allerdings noch gewaltiger vorgestellt. Erst ging es auf der rechten Seite am Wasserlauf talwärts, nach einer Überquerung des Flusses dann links. 9:50 Uhr befinden wir uns am Abzweig Nakra, von wo wir vor ein paar Tagen gekommen waren.

10:35 Uhr, erster Halt an einem Ort unmittelbar an der Straße. Es gibt Limonade zu kaufen. Der Fluß „Ingur" schäumt grau-grün. Von links mündet ein klarer Seitenfluß ein. Rechts beginnt der Stausee. Große Täler tun sich auf. Es ist eine Mittelgebirgslandschaft, die wir hier durchqueren. Bei der Stadt Dshwari endet das Gebirge und die fruchtbare Tiefebene beginnt. Vermutlich ist das nun die altgriechische Kolchis-Niederung. An der Straße sehen wir nur noch üppige Gärten und Teefelder - „Grusinischer Tee". Wir kommen an eigenartigen Friedhöfen vorbei. Die Gräber dort gleichen Gartenlauben - abchasisches Land.

12:15 Uhr ist die Stadt Sugdidi erreicht. Wir müssen aussteigen und sofort umsteigen. Man empfiehlt uns einen Bus, der nach Achalziche fährt. Was wäre ich hier ohne Angelas Russischkenntnisse, besonders, wenn es so flott gehen muß wie jetzt! Angela bezahlt, und schon geht es weiter durch frische, grüne, bunte, endlose Gartenlandschaft. Vor den Häusern stehen Palmen. Und sogar Bananenstauden sind hier und da zu sehen. Im Bus ist es derweil kochend heiß. Der Schweiß fließt in Strömen. Draußen ziehen Zypressen und Zedern vorbei.

14 Uhr, Aufenthalt in Zchakaja. Ich kaufe Eis. Angela raucht ihre Zigarette. Bisher sind wir durch flaches Land gefahren. Langsam wird es wieder hügelig. Wir kommen vorbei an unbegradigten Flüssen, in denen Menschen, Kühe und Autos baden. Das Wasser strömt wie über eine einzige große Sandbank - und das vermutlich seit ewigen Zeiten. Der Bus fährt weiter. Jetzt geht es entlang eines Bergflusses wieder in gebirgigere Gegenden - mittelgebirgische Landschaft. Gegen 16:00 Uhr passieren wir Kutaissi. Es wird immer bergiger. Unser Bus fährt in großen Kurven an steilen Hängen entlang. Ab und zu ist eine Marktstelle am Straßenrand zu sehen mit vielen Autos und vielen Menschen. Wir kommen an einem großen Platz, der ganz mit roten Tonwaren vollgestellt ist - Töpfermarkt. Wer kauft das alles?

Als einzige Auflockerung kleben vorn bei uns im Bus zwei Bilder: Ein Bild ist Stalin. Das andere stellt die Madonna mit dem Kind dar. Ist der Genosse Stalin hier etwa wieder zum Klosterschüler geworden? Jedenfalls erscheint mir diese Paarung der beiden Erzfeinde nicht so ganz abwegig. Und vorn an unserem Bus ist sogar noch ein Stalinrelief aus Aluminiumguß angebracht: Stalin und die Madonna als unsere Schutzengel? Der Fahrer fragt Angela, ob sie seine Kühlerfigur kennt und lächelt dabei verschmitzt. Mir scheint diese Angelegenheit vor allem einiges über die tiefere Mentalität der Georgier zu verraten ... Schließlich wird der mittelgeorgische Gebirgsrücken durch einen langen Autotunnel unterquert. Dann befinden wir uns im ariden Ostgeorgien - und es geht wieder abwärts.

18:05 Uhr. Das Land, welches wir jetzt durchfahren, zeigt sich grau, trocken, staubig und erodiert. Es muß künstlich bewässert werden. Die hohen Gebirge ringsum tun einiges dafür, daß das möglich wird. Denn mit ihren hoch aufragenden Gipfeln saugen sie gewissermaßen die Feuchtigkeit direkt aus den Wolken.

An einer der Haltestellen steigt eine sehr alte Frau aus dem Bus und kauft Eis extra für uns - für die Touristen aus dem fernen Land.

Dann aussteigen in Chaschuri. Zum Überlegen bleibt nicht viel Zeit. Wir können gerade noch in den Bus nach Tbilissi einsteigen - und schon geht die Fahrt weiter. „Deutsch? Gut!" radebrecht unser neuer Busfahrer. Er schiebt die Kraxen unten in die Gepäckfächer. Damit haben wir jetzt keinen Ärger mehr mit ihnen. 19:20 Uhr passieren wir das Städtchen Gori. Die Stalingedenkstätte erkennen wir sofort, als wir daran vorbei fahren: Die Hütte unter dem Palast, wie wir sie schon in unseren DDR-Büchern kennen gelernt hatten.

Langsam wird es dunkel. Die Lichter von Mzcheta tauchen auf. Die Kirche auf dem Berg zeichnet sich als dunkle Silhouette vor dem dunkelnden Himmel. Dann erscheint das Lichtermeer von Tbilissi. Beim ersten Halt des Busses steigen wir mit vielen anderen aus. Ein Mitfahrer kümmert sich um uns und winkt uns ein Taxi herbei.

22 Uhr, Moskauer Zeit, das Taxi ist bezahlt. Wir sind bei Nina und Wowa angekommen - Plattenbauten, Neubaugebiet. Ein Fahrstuhl bringt uns nach oben in die neunte Etage. Hier steigen wir aus, blicken durch ein Glasfenster - und Wowa erkennt uns auch gleich, öffnet - freudige Begrüßung. Wir haben es geschafft, schneller und besser als wir dachten. Doch von Mestia bis hierher waren wir immerhin fast elf Stunden unterwegs und hätten keinen Bus verpassen dürfen, sonst hätten wir das Problem einer weiteren Übernachtung in ungewisser Stadtumgebung gehabt. Das aber muß nicht unmöglich sein. Doch sonderlich interessant wäre es womöglich nicht.

Bei unseren Gastgebern in in der Küche wird der Tisch gedeckt. Wowa öffnet eine Flasche „Sowjetskoje Schampanskoje". Noch nie hat mir Sekt so köstlich geschmeckt wie nach diesem langen, heißen Tag quer durch Georgien. Den zweiten Tost bringen wir dann auf Reinhold aus, dem ich alles dies ja gewissermaßen zu verdanken habe, seiner Initiative, seinem Genie. Diesbezüglich war er mein Vorreiter gewesen, mir gewissermaßen zehn Jahre voraus - und ist es jetzt noch, wo wir unterdessen bei seinem georgischen Freund wohnen dürfen. In der Wohnung vom Wowa überrascht mich übrigens ein großes Poster mit dem Marktplatz von Wittenberg - meine Heimatstadt. Zuweilen kann die große Welt ziemlich klein werden.

24 Uhr liegen wir im Bett in „unserem" Zimmer. Es ist immer noch brütend warm - georgischer Sommer.

Wieder in Tbilissi

28.08.89 Mo. 8 Uhr sind wir aufgestanden. Gegenüber dem Fenster erstreckt sich ein öder Bergrücken mit Trockenrasen, darunter ist ein Instituts- oder Bürogebäude zu sehen. Über diesem Bau befindet sich offenbar „ein Robinsonanwesen" eines noch immer dörflichen Außenseiters.

Wir nehmen erst einmal ein Bad. Seit dem Einzug, so erklärt uns Wowa, sei hier bei ihnen das Wasser rationiert. Es fließt nur einige Stunden am Vormittag. Für den Rest des Tages müssen sich die Leute Wasservorräte anlegen. Dann gibt es ein gutes Mittagessen - Fleisch, Wein, besonders gebratene Auberginen mit Walnüssen und lila Basilikum. Wir machen uns einen ganz ruhigen Tag, bleiben in der Wohnung, unternehmen gar nichts, ordnen unsere Sachen. Und es ist heiß - georgischer Sommer in Tbilissi.

Am Abend erscheint Frau Guguli zu einem Kurzbesuch. Sie berichtet uns von ihren Problemen. Sie verweigert die neue Wohnung, die ihr zwangsweise zugewiesen wurde - die alte war schon nicht sonderlich attraktiv. Jetzt wohnt sie bei Freunden, besucht jeden Tag den behinderten Georgi, mit dem es unterdessen hoffnungslos aussehen soll.

Dann folgen auch noch trostlose Diskussionen - auch über die gegenwärtige politische Lage ringsum. Wowa gibt Gorbatschow noch höchstens ein Jahr für seine Regierung. Danach erwartet er eine Militärdiktatur. Auch hier erscheint mir „die Macht der Dummheit" unbesiegbar. Für die nationalistischen Regungen in seiner georgischen Heimat findet Wowa kein Verständnis. Im sowjetischen Fernsehen werden beunruhigende Nachrichten gesendet.

29.08.89 Di. Also sind wir doch wieder Tbilissi - aber wozu? Ich hatte mir geschworen: Nie wieder hierher! Und es ist auch wieder heiß. Eine graue, unbarmherzige Sonne brennt den lieben langen Tag hinab in diese trockene, verbrannte Gegend. Je mehr ich dieses Georgien kennen lerne, umso fremder wird es mir - Steine, Staub - eine Trockenheit, in welcher der Rotz der vielen Spucker sofort verdunstet, eintrocknet, verweht wird. Dann atmen wir ihn wieder ein.

Es erscheint mir wie das Land des Todes, der tanzt und ruft: „Verdorren sollst du und dein Geschlecht - verdorren!"

Georgien: Gelbe Berge, Schiefergestein, trocknes Geriesel überall, archaische Skulpturen, die Farben Rot und Schwarz, dazu das Weiß des Todes. Die graugrünen kriechenden Flüsse wie zähe Schleimströme - letztes Aufflackern vor dem Versiegen. Trunken vom Wein - und was dann? Ein Gerippe unter den Steinen, dahinter eine grinsende Fratze? Das in etwa wird hier zu meinem inneren Bild von dieser Gegend. Man muß sie gewohnt sein. Ich bin es nicht.

Die Gesänge der Georgier erscheinen mir alle sehr getragen und tieftraurig. Ich liebe dieses Land nicht. Es ist mir hier so nah und bleibt mir doch so fremd wie ein Alptraum im Fieber.

Heute steht auf dem Programm: Aeroflot - Intourist - Aeroflot. Um uns beizustehen hat sich Wowa extra freigenommen. Es geht um unsere Flugkarten. Wowa läßt seine Beziehungen spielen. Nach Stunden des angestrengten Wartens und Herumfahrens mit seinem kleinen Auto ist das erledigt. Im Imbißrestaurant müssen wir auch nicht anstehen. Alle anderen warten nämlich und warten und warten.

Danach dürfen wir allein durch die heiße Stadt mit ihren Autoausdünstungen wandern. Wir geraten ins Schwitzen. Mir klebt die Hose zwischen den Beinen. Das hiesige Wetter sind wir nicht gewohnt. Und noch immer flanieren auch die jugendlichen Spucker durch die Stadt. Jetzt erfahren wir auch, daß die Katastrophe in Tbilissi vom Mai hervorgerufen wurde, weil die Armee wegen der Unruhen eingesetzt worden war, die dann gegen einheimische „Miliz" stand - also schon fast ein Krieg. Überall werden Plaketten mit der schwarz-weiß-roten Nationalflagge verkauft. Sonst aber gibt es nicht viel zu kaufen. Was man auf dem Markt zu sehen bekommt, das ist zumeist viel zu teuer. Die Buchgeschäfte führen ödeste Titel. Doch die Werke des großen Lenin werden noch immer angeboten.

Am Abend in der Wohnung bereitet die fleißige Nina ein bezauberndes Essen. Auch das ist Georgien, gastfrei, gastlich, großartig, Weintrauben, Früchte, Eis. Und ich schreibe einen Brief an Reinhold. Wowa schreibt ein paar Zcilen dazu. Dann gibt es wieder Diskussionen über Gorbatschow und zu Gorbatschow. Doch wer eigentlich ist nun dieser Gorbatschow? Gorbatschow - das große Mißverständnis der Weltgeschichte? Am meisten verwundert es mich, daß dieser Gorbatschow keine brauchbare Theorie seiner angestrebten Veränderungen verbreitet. Das erscheint mir zugleich verdächtig. Sollte er nur eine vorgeschobene, gewissermaßen ferngelenkte Figur sein, um eines Tages Krieg wieder möglich zu machen? Nun ja, das alles bildet ein anderes und dazu ein sehr eigenes Kapitel - Spökenkiekerei.

30.08.89 Mi. Die Zeit streckt sich. Wir wollten ein Bildermuseum besuchen. Dieses Museum jedoch hatte im Wesentlichen geschlossen - nichts war. Anschließend bummeln wir durch die Geschäfte. Wir bekommen keinen Schwarz-Weiß-Film für den Fotoapparat. Aber Wowa besorgt ihn uns, indem er mehrere Stunden lang zwei seiner Instituts-Mitarbeiter mit dieser Aufgabe beschäftigt - beschämend, aber für wen eigentlich? Andererseits: Wozu brauchen wir schwarz-weiß-Filme? Warum sind wir überhaupt hier in Tbilissi? Wozu müssen wir überhaupt leben und Forderungen stellen?

Beim Hotel Iveria entdecken wir ein weiteres Aeroflot-Büro. Aber auch hier ist es voll - Gedränge. In einem Juwelierladen kauft sich Angela zwei Amazonitsteine als Ohrringe oder für einen Ring, den ich vielleicht einmal basteln will. 17 Rubel kosten sie - viel Geld für ein paar Steinchen. Dann fragen wir noch an wegen der Bürokratie. Die Einladung vom Wowa brauchen wir auf einmal nicht mehr. Auf unsere Frage, ob wir uns bei der örtlichen Polizei („Ovir") - melden sollen, winkt Wowa nur ab: Nicht nötig! Die haben jetzt anderes zu tun. Dann geht es weiter durch die Stadt - Tbilissi im August, heiß, hektisch und öde. Und ich vermag mir nicht vorzustellen, daß es hier in Tbilissi oder in Georgien jemals anders werden könnte. Vielleicht hat „Schwarz-Weiß-Rot" hier Zukunft - bringt der Masse aber sicherlich auch nur nichts.

Wir kaufen ein paar Weintrauben und Pfirsiche und suchen als letzte Zuflucht - wie gewohnt - den Mtazminda, den „heiligen Berg" auf. Was sonst! Wir sitzen in der Gondel des Kabinenliftes und schauen hinaus. Unter einem verschachtelten Altbauhaus darunter zermörsert eine Frau irgendein Gemüse auf der geräumigen Veranda. Wir haben Einblick von oben - defekte Blechdächer, rot gestrichen.

Vom Mtazminda aus kann man für einige Kopeken die Stadt für drei Minuten mit dem Fernrohr mustern oder mit einem Riesenrad fahren. Ringsum stehen Nadelbäume mit riesigen Zapfen. Alles wie damals vor drei Jahren - die jungen Leute, die Pärchen. Ich glaube sogar, Angela stellt mir die gleichen Fragen wie damals: „Möchtest du noch einmal so jung sein?"

Braun, Grün und Grau bilden die Hauptfarben ringsum - trockene Hügel, staubige Hänge. Die Ferne verschwindet im Dunst, der Himmel und Erde eins werden läßt. Alles ist heiß, stinkig, diesig. Doch die Autoabgase dieser Stadt irritieren mich dieses Mal nicht so sehr. Am lang hingestreckten Berghang sind überall schräggestellte, angeschnittene, graue, plattige Sedimentgesteine zu sehen - als wollte die Erde damit sprechen und ist erstarrt dabei - verlorene Zeit.

31.08.89 Do. Am Vormittag begeben wir uns in ein Dorfmuseum. Irgendetwas müssen wir ja unternehmen. Die Anfahrt dorthin wird langwierig. Es gibt unnötige Umwege. Nina ist mit uns mitgekommen. Wir wandern zu einem entfernten Eingang. Dann ist ein Tor zu. Und dann wandern wir wieder ganz zurück. Und wieder ist es heiß, und die bleiche Atomsonne brennt mitleidlos vom Himmel.

Wir geraten an das gewaltige vaterländische Heldendenkmal. Viel Bronze wurde hier vergossen. Die Gedenkstätte befindet sich voll im Betrieb. Die Wasserspiele funktionieren von oben bis unten - ein imposanter Anblick, Regenbogen in der Fontäne, Kinder baden in einigen der Wasserbecken. Mich beeindrucken die acht riesigen Recken unterhalb der großen Kaskade - verwundete Helden, doch ungebrochen, bestimmt, klug, gütig, verblichen und zeitlos.

Dann geht es mit einer Kabinenseilbahn aufwärts zum Schildkrötensee. Einige wenige Leute baden hier. Mich zieht es nicht ins Wasser. Es ist viel zu heiß dafür. Dann geht es eine lange Teerstraße abwärts, und ich habe den unüberlegt blödsinnigen Einfall, die Besichtigung dieses gewiß interessanten Geländes mit dem swanischen Turm zu beginnen, der ganz oben am Berghang steht. So steigen wir endlose Serpentinen bergauf. Unterwegs knacken wir Mandelkerne, von denen es hier überreichlich gibt. An einer Stelle fließt Wasser aus einem Rohr. Es verschafft uns aber nur eine unbedeutende Erfrischung. Der swanische Turm hat keine Tür. Zu besichtigen gibt es hier nichts. Doch oben drauf weht groß eine Nationalistenflagge - schwarz, weiß, rot.

Dann wieder den ganzen langen Berg hinab wandern. Doch zu einer Besichtigung kommt es nicht mehr. Nina strebt nach Hause. Und die meisten Häuser im Dorfmuseum sind sowieso geschlossen. Dann langes Warten auf den speziellen Bus. Dann wieder in der Plattenbauwohnung.

Für den Abend ist ein Besuch bei Frau Alde Kakabadse geplant - georgische Keramikerin. Den Vorschlag hatte ich gemacht, weil ich gefragt wurde, was ich in Tbilissi zu sehen wünschte. Aber davon abgesehen, daß mir Keramik, genauer: Ton, gefällt, weiß ich nicht so recht, was ich bei dieser Keramikerin soll. Es wird ein Verlegenheitsbesuch und ist eher peinlich. Glücklicherweise kauft Wowa einen Rosenstrauß, den ich übergeben darf. Dann werden wir in ihrem Atelier empfangen. Noch ein Mann und eine Frau sind anwesend. Guguli ist mit dabei. Wowa erscheint etwas später. Denn er muß erst noch versuchen, irgendwo Benzin zu bekommen für sein Auto. Das ist nicht so leicht in diesen Tagen.

Im Atelier können wir schöne Sachen bewundern - Vasen, Plastiken, Bilder auf keramischen Platten. Allein die schöpferische Atmosphäre solch einer Umgebung kann einen wie mich aufbauen oder wenigstens einen gewissen Trost verbreiten. Dann wird ein üppiger Tisch gedeckt, eine georgische Festtafel, ohne die offenbar nichts geht. So lebt man hier einfach - Wein, Hühnerfleisch, Obst, Gebäck, Gläser. Die Gespräche sind etwas verkrampft - zumindest unsererseits. Meistens unterhalten sich alle georgisch, und wir beide verstehen gar nichts.

Angela bekommt von einer Frau einen Satz Schmuckarbeiten aus Messing geschenkt: Halsring, Ohrgehänge, Armreif mit Schlangenmotiv gewalzt. Es ist eine insgesamt gute Arbeit. Doch wer trägt so etwas und auch noch aus Messing?

Mir verehrt die berühmte Keramikerin einen Becher aus der schwarzen Keramik, für die sie bekannt ist. Diese schwarze Tonware, die durch reduzierende Gase erzeugt wird, sei eine alter georgische Tradition, die durch Frau Kakabadse wiederbelebt worden wäre, so wird uns erklärt.

Rechtzeitig verabschieden wir uns wieder und gehen. Dann wird es noch ein langer Abend daheim beim Wowa. Er ist „ein Eulenmensch", wie er uns erklärt. Zu mir meint er, ich solle doch für einige Monate nach Georgien kommen und bei ihnen eine Ausstellung machen: Wie ein Ausländer unser Land sieht ... Das ist keine schlechte Idee. Doch dazu müßte ich ja erst einmal malen: Die vielen Bilder „wie ein Ausländer das Land sieht". Und mit solchen Bildern wäre es überhaupt nicht getan, nicht im Mindesten. Damit stünde ich erst mal nur sehr dumm herum. Das immerhin, das weiß ich längst.

Wowa öffnet noch einmal eine Flasche Sekt und meint dazu, wer weiß, ob wir uns jemals wieder sehen werden ... Jedenfalls finde ich es nun doch bedauerlich, daß diese Sprachbarriere besteht. Aber ich lerne kein Russisch mehr, selbst wenn ich mich dazu noch mal sehr anstrengen würde. Doch jetzt könnte das vielleicht für dieses Riesenreich die „Lingua Franca" werden?

Zurück nach Moskau und Heimflug

01.09.89 Fr. Tag der Abreise aus Tbilissi. Am Vormittag kommen noch Natela und Guguli zu Besuch. Von Natela hören wir, daß sie wahrscheinlich Mitte September nach Mainz zum Reinhold fährt. Wie ist das möglich - aus dem Sowjetland Georgien in den Westen? Ansonsten gibt es wieder nur banales, verlegenes und zeitschindendes Gerede auf beiden Seiten. Ich verstehe nicht viel. Das aber stört mich nicht unbedingt.

Wowa packt unsere Kraxen auf seinen Kleinwagen (Saporoshez - „Taigatrommel"). Zuvor haben wir noch auf dem Markt für viel Geld Weintrauben, Pfirsiche, Nüsse, Granatäpfel, blaues Basilikum (und Samen dazu) sowie einen Strauß Rosen und Nelken für Nina gekauft. Danach erfolgt eine lange Fahrt mit dem Auto durch die in der Hitze kochende georgische Metropole bis weit hinaus zum Flughafen im Südosten. Wir kommen eine Stunde früher an und finden uns an einer speziellen Abfertigungsstelle für ausländische Fluggäste ein und für deren Gepäck. Dann verabschieden wir uns und warten.

In Tbilissi: Nina, Angela, Guguli, Natela

Es gibt keinerlei Sicherheitskontrollen. Schließlich geht es mit einem Bus zum Flugzeug - TU 145-15. Ich habe wieder einen Fensterplatz auf der rechten Seite. Der Start erfolgt mit zwanzig Minuten Verspätung. Die Temperatur im stehenden Flugzeug steigt. Der Schweiß durchnäßt sichtlich die Kleidung der Passagiere. Ein nationalistischer Streit findet statt, in dessen Mittelpunkt sich eine Georgierin wild gebärdet. Angela übersetzt mir dies und das, was sie davon versteht.

Dann Start in den wolkenlosen Himmel. Und schon bald werden trockene Berge unter dem Flugzeug sichtbar, die aussehen wie Schutthaufen - kahl, grau. Fremdartig glänzen zwischen ihnen große, blaugrüne Seen. Rechts unten ist auch ein wolkenbehangener Schneegipfel zu sehen - der Kasbek? Danach beginnen schlagartig die Wolken mit einer geschlossenen Wolkendecke. Sie liegen gewissermaßen auf dem nördlichen Gebirgsabhang des großen Kaukasus. Eine Flugzeugbegegnung, und nach zwei Stunden Landung in Moskau. Dort haben wir wieder klaren Himmel.

Nach der Landung warten wir erst einmal an der falschen Stelle auf unser Gepäck - weil alle dort warten. Doch wir sind nicht „alle", wir sind „die Ausländer". Unser Gepäck wartet unterdessen geduldig in einem ganz anderen Gebäude, nämlich im Ausländerbereich auf uns. So etwas muß man einfach wissen - so als „Weltreisende".

Wir nehmen ein Taxi und begeben uns damit auf eine weite, aber schnelle Fahrt auf guten Straßen - acht Rubel.

20:20 Uhr sind wir sind wieder bei unseren russischen Freunden im Moskauer Quartier, von wo wir einige Wochen zuvor aufgebrochen waren. Gulja und Ralf sind schon da und heißen uns willkommen. Veronika, ihre Tochter, ist munter und ausgelassen. Sie war bei den anderen Großeltern in Aschchabad zu Besuch.

Und wieder wird es ein langer, russischer Abend. Wir stellen mit Bestürzung fest, daß wir Getränke, Wein aus Georgien vergessen haben. Hier nämlich wird nicht abgereist, sondern gelebt und gefeiert - aber was eigentlich? Igor erzählt Witze, einen nach dem anderen. Alla, die Tochter aus Naltschik, deren Onkel uns bewirtet und protegiert hatte, ist anwesend, sowie Guljas georgische Freundin aus Tbilissi. Wir schlafen dann in der Stube auf Sesselkissen und einer Klappliege gemeinsam mit Veronika, Gulja und Ralf. Schlafen muß man schließlich auch mal.

02.09.89 Sa. Letzter Tag und endgültige Abreise aus Moskau. Mit Gulja, der Frau von Igor, Angela und den beiden Kindern Veronika und Antoscha unternehmen wir einen Spaziergang in die „kleinen Berge" - örtliche Vorstadt-Landschaft vor dem Hintergrund der Moskauer Kulisse. Ralf muß zu Hause bleiben. In Aschchabad hat er sich den großen Zeh gebrochen, als er über eine Türschwelle stolperte, sagt er uns. Sein Fuß ist in Gips. Die örtliche Vorstadt-Landschaft erweist sich als ein etwas schmuddeliges Birkenwald-Gelände. Es fließen ein paar Rinnsale. Und es wachsen einige Pilze, welche auch gesammelt werden. Ein paar imposante alte Gärten sind zu bestaunen. Danach folgen mit der großen Straße wieder die riesigen Häuserblöcke - synthetisches Leben.

12:00 Uhr, Igor und Gulja gehen los und besorgen zwei Taxen. Die sind dann auch sofort da. Mit ihnen fahren wir zum Flugplatz. Unterwegs auf einem Parkplatz werden Bananen verkauft - gleich aus den Kisten eines Autos - fast so, als hätte es der Fahrer nicht mehr bis zur staatlichen Verteilerstelle geschafft und kann hier einen Exstraprofit heraus schlagen, Wolokolamsker Chaussee, 30 km Strecke, sieben Rubel.

12:30 Uhr Flughafen Tscheremetjewo-Zwei, ein moderner, neuer Flugplatz. Und auf einmal haben wir wieder viel Zeit. Unsere Flüge sind noch nicht aufgerufen. Abwechselnd gehen wir essen an einen Schnellimbiß, zuerst Angela und ich. Das Essen dort erscheint mir gut und preiswert. Auf dem polierten Steinfußboden fährt ein funkgesteuertes Spielzeugauto.

15:05 Uhr Abflug. Vor uns muß jemand seinen Koffer auspacken. Wir werden nicht kontrolliert. Flugkartenabfertigung mit einem modernen Computer. Wir sind „drin" im Computer. Die Kraxen verschwinden auf dem Förderband. Wir begeben uns zur Körperkontrolle und Handgepäcküberwachung. Das geht alles reibungslos vonstatten. Anschließend wandern wir durch einen Blechkorridor ins Flugzeug hinein. Überall stehen Polizisten und beobachten alles. Das Flugzeug ist eine TU 154M.

Im Flugzeug bekommen wir Schwierigkeiten, denn unsere Plätze sind besetzt. So stehen wir einige Zeit unschlüssig herum. Offensichtlich sitzen Leute mit falschen Karten dort, wo wir sitzen sollten. Bei Gulja und Ralf hat es geklappt. Schließlich werden wir kurzerhand in einer vorderen Kabine platziert. Hier haben die Sitze einen größeren Abstand voneinander, und es sitzt sich bequemer. Ich habe wieder einen Fensterplatz.

Der Start erfolgt pünktlich, ein Flugzeug nach dem anderen schiebt sich auf die Fahrbahn, dann folgen wir und heben ab.

Es geht vorbei über die nördlichen Vororte von Moskau. Der Fernsehturm von Wnukowo kommt ins Bild. Dann dreht das Flugzeug und nimmt seinen eigentlichen Kurs auf. Der Himmel ist bedeckt. Wir durchstoßen die Wolkendecke und fliegen dann wie über einen weißen Ozean. Nebelschwaden jagen am Kabinenfenster vorbei. Irgendwann wird Essen gereicht. Das Personal hat zu tun damit. Er ist gut, dieser Imbiß, Angela trinkt noch Kaffee.

Ein wolkenfreies Gebiet erscheint, und rechts im Dunst taucht bereits die Danziger Bucht auf. Die Halbinsel Hel kann man gerade noch erkennen. Die Weichsel ist zu sehen mit einem Muster aus vielen Sandbänken. Und schon beginnt der Landeanflug auf Berlin - Haufengewölk, Seen, aufsetzen auf der Rollbahn, ausrollen und Stand. Die große Sommerreise dieses Jahres hat ihren Abschluß gefunden. Aussteigen aus dem Flugzeug und zur Abfertigung laufen.

Reisekosten:
    Flugkarten: 1035 M,
    Bahnfahrt: 345 M,
    verbrauchte Rubel: 832 M,
    gesamt: 2212 M (mit Geschenken).

Alles das für vier Wochen zu zweit in der Sowjetunion und davon zwei Wochen in den Bergen des Kaukasus. Das ist schon allerhand Geld.

    Deutsche Paßkontrolle und warten auf die Kraxen. Diese schieben sich schließlich auf dem Transportband heran. Die Zollkontrolle entfällt. Wir werden „durchgewinkt".

Als wir die letzte Glastür durchschreiten und ich aufschaue, kommen uns der Roy und seine Frau entgegen. Sie zeigen Freude, uns wieder zu sehen, sehen aber zugleich ernst und bedrückt aus. Denn Sie wollen „fort". Wer kann ihnen das verdenken? Sie wollen richtig fort, nämlich nach Ungarn, und das gleich jetzt, gleich noch in dieser Nacht. Sie haben nur gewartet, um uns noch einmal zu sehen. Die Reiseanlage für Ungarn haben sie schon vor längerer Zeit von den DDR-Behörden erhalten. Wir schreiben das Schicksalsjahr 1989. Sie wollen „rüber machen".

    Angela weint. Ich stehe draußen vor der Flughalle und schaue zu, wie derweil in einem Auto auf dem Parkplatz gefickt wird. Die Braut wird etwas verlegen, als sie mich sieht. Ich wende mich wieder ab. Der Roy bringt uns noch zum Bahnhof Lichtenberg. Dann sind wir wieder allein mit unserem Gepäck, sitzen im Zug - und fahren und fahren. Und ein „deutsches Erlebnis" haben wir auch gleich wieder. Denn als wir in einen leeren Zug einsteigen wollen, belegt uns ein kleiner deutscher Reichsbahnobervolkskommissar genau auf jene arrogant dusselige Art, die man bei „den häßlichen Deutschen" so liebt. Also sind wir tatsächlich wieder daheim - und haben uns auch gleich wieder eingewöhnt.

In der Eisenbahn dann das Sausen der Räder und die Stimmen der Bahnhofslautsprecher - Königswusterhausen, Ludwigsfelde, Luckenwalde, Grüna-Kloster-Zinna, Jüterbock ... Die Lutherstadt-Wittenberg passieren wir gegen 23 Uhr - einst Ein- und Aussteigebahnhof für mich, Anfang und Ende meiner Welt. Jetzt fahre ich nur noch durch. Und auch dort ist alles von einst vergangen, vertändelt, vermurkst, vorbei. Diese „meine" Stadt am Elbestrom, die gibt es ohnehin nicht mehr. Und schließlich folgt Bitterfeld, dann Leipzig, wo ich seit Jahren nun schon senil und trottelig meine Lebenszeit vertändele - und wir sind wieder „daheim" angekommen.

Marginalien:

Ärgerliche Stimmungen befielen mich in Georgien immer. Die beiden Male, als ich in Tiflis war, bemächtigte sich meiner schleichend so etwas wie eine gewisse innere Bösartigkeit. Warum hielten diese vornehmen, selbstsicheren Georgier nur so wenig von ihrer schönen Natur, vermauerten sich vielmehr in ihre Häuser und hinter hohe Blechzäune? Und die Studenten vor der Universität in der Weltstatt Tiflis blieben mir vor allem spuckend in Erinnerung - spuckend auf ihre gute Mutter Erde.

Die lieben, netten und so entgegenkommenden Leute, bei denen ich da eingeladen oder zu Besuch war, bedeuteten mir von Tag zu Tag immer weniger. Da staunte ich über mich selber. Und am liebsten wäre ich dort sowieso gleich wieder weiter gereist. Aber das mit dem Reisen, das war nicht so einfach in der großen Sowjetunion. Es ging nicht. Und so wurde ich flach und stumpf und auch ein wenig gleichgültig allen diesen Menschen gegenüber.

Diese Tage in Tbilissi blieben für mich also ärgerlich und peinlich und überflüssig. Warum war es so schwer, in die kühlen, hohen, sonnigen Berge zu fahren, die in einer riesigen Kette voller Naturwunder bei ihnen direkt vor der Haustür lagen? Warum hatte nicht jeder, wenigstens jeder etwas besser gestellte Georgier, so etwas wie eine Datsche, ein Sommerhaus, eine Hütte oder wenigstens eine Beziehung in den Bergen?

Sie haben das übrigens bis heute nicht. Heute, nach dem Zerfall der großen Sowjetunion (die es wohl nie echt wirklich gegeben hatte), ist dort sowieso alles ganz schlimm und noch viel schlimmer. Der Hauptkamm des großen Kaukasus ist zugleich Staatsgrenze geworden. Und die Kanonen, die damals dort überall herum standen, dienen vermutlich nicht mehr nur der Lawinenbekämpfung. Alle die vielen einzelnen kleinen Völkerschaften, welche die Täler besiedeln, sind alle wieder „Freiheitskämpfer" geworden (um es vornehm auszudrücken). Womöglich suchen sie eifrig die Feinde, von denen sie sich befreien können?

„Na, Macky, war es nicht schön?
Und was aber hätten die Kapitalisten
aus diesem schönen Land alles gemacht!"

So hatte mich der gute Reinhold nach unserer ersten Reise angesprochen. Unterdessen war diese neue, andere Zeit gekommen. Und jetzt machten die frisch gekürten Kapitalisten „etwas" aus ihrem Land, nämlich diese unterdessen ebenfalls vom Kommunismus befreiten Georgier. Als erstes wurden schnell mal die kupfernen Kabel von den Oberleitungen der Stadtautobusse geklaut (vielleicht als Basis für ihre Erstinvestitionen als endlich freie Unternehmer?). Und sie verkauften die viele Bronze von ihrem schönen Freiheitsdenkmal - was es danach auch nicht mehr gab, wie mir jemand erzählte, den ich darauf hin angesprochen hatte. Jetzt wurde es noch problematischer, dorthin ins schöne Georgien zu reisen. Und auch im Kaukasus-Gebirge gestaltete sich alles wieder ganz neu - archaisch vorsintflutlich gewissermaßen - so, wie es dort früher gewesen war.

Noch etwas soll zu unseren Gastgebern gesagt werden - Anatoli, die Leute in der Turbase Andyrtschi, unsere Gastgeberin in Mestia, Guguli, Nina und Wowa und nicht zuletzt Gulja und Ralf. Diesen allen schulden wir Dank, daß sie uns diesen Ausflug in die Berge möglich machten, ins Ungewöhnliche, ins Nichtalltägliche.

Doch warum war das uns nicht selber möglich? Warum konnten wir nicht einfach losfahren, Flugzeug, Bus und Zug bezahlen, ein paar billige („nicht gewinnorientierte") Herbergsübernachtungen und dann unser Zelt aufbauen, wo es uns gefiel (so vielleicht wie die vier Russen, mit denen wir dann wanderten) - selbstgemachtes Zelt, welches verrät, daß man sich interessiert, engagiert? Nicht jeder kann oder will da mithalten. Entsprechend „ausgelesen" sind die Leute, die man dann dort oben trifft in den öden Felsen. Uns oder mir zumindest war an organisiertem Massentourismus nicht gelegen. Aber selbst der blieb uns DDR-Bürgern beim „großen Bruder" verschlossen - weitgehend zumindest, nur für Auserwählte und Leute mit „Beziehungen".

Es war dies alles also keine Geldfrage, auch keine der „Gastfreundschaft" (auf die wir manches Mal gern verzichtet hätten), schon eher eine der Zivilcourage, der Pfiffigkeit und Risikobereitschaft, wie bei den vier deutschen Wanderern, die im Gebirge oben vom Betscho-Paß herunter kamen. Die machten das einfach und fragten nicht viel. Ich glaube, die konnten nicht mal richtig russisch sprechen. Ansonsten nämlich blieb man immer nur dieser Bürokratie ausgeliefert, die alles regelte. Wer ernährte dieses wichtige und doch so faule Leben? Warum konnte man nicht einfach nur wandern?

Nur ein Jahr später konnte ich das dann, nämlich „frei", also ganz ungebunden und unregistriert umher wandern - in Norwegen. Das funktionierte wunderbar - weil es gesetzlich garantiert wurde und weil es in diesem Nordland kaum noch Räuber gibt. Wunderbar ging es aber auch nur in diesem seltenen und wegen der vielen Berge automatisch dünn besiedeltem Land. Darum war ich dann gleich dreimal dorthin gereist - bevor womöglich auch dort endgültig alles zugemacht wird von Bürokratie und Kommerz?

Unterdessen schrieben wir das Jahr 2010. Die Welt hat sich weiter gedreht. Die alten Zeiten sind dahin gegangen. Mit Reinhold habe ich seit Jahren keinen Kontakt mehr - Wandlungen, Mißverständnisse. Wir sind jetzt alle „Westen" - auch Georgien. Reinhold hat sich mit Natela verheiratet - einer Georgierin - und pflegt vermutlich noch immer die Verbindung in seine Wahlheimat, ist ansonsten aber Weltreisender geworden.

Gulja ist Ärztin in einem Leipziger Krankenhaus. Ralf hat sich selbständig gemacht, ist Bauunternehmer oder so etwas. Wir haben keinen Kontakt mehr zu ihnen. Kira und Tolja hatten uns ein Jahr später in Leipzig besucht. Ich war mit ihnen im Elbsandsteingebirge und in Westberlin. Dann ist nach einigen Briefen hin und her auch mit ihnen der Kontakt eingeschlafen. Nach Mestia hatten wir gleich nach unserer Reise damals geschrieben - aber keine Antwort von dort bekommen.

Nach dem Untergang der Sowjetunion versuchte sich Wowa in Tiflis mit einer eigenen Gaststätte. Die örtliche Mafia zwang ihn mit Schutzgelderpressung in die Knie. Dann wanderte er aus in die Heimat seiner Frau Nina nach Weißrußland. Dort versuchte er sich mit einer Bäckerei (auch mit Reinholds Hilfe), scheiterte damit schließlich ebenfalls und zog schließlich zu seiner Tochter nach Israel. Deren jüdischer Mann war von Georgien dorthin ausgewandert.

Heute ist der Kaukasus wie vor über hundert Jahren wieder von strikten politischen Grenzen zerschnitten und wurde mehrfach sogar von richtigen Kriegen überzogen, Abchasier gegen Georgier, Georgier gegen Russen, Georgier gegen Osseten, Tschetschenen ebenso, und was weiß ich noch - was man eben so hört. Aber man kann immer noch dorthin reisen - sollte aber vielleicht doch einen einheimischen Führer haben, der sich auch aktuell politisch überall bestens auskennt.

Nachtrag 2015:
Fritz F. Pleitgen: Durch den wilden Kaukasus; Kiepenheuer &Witsch Köln (2000).

S.110: Alexander Rondeli ist Direktor eines außenpolitischen Instituts. ... Für ihn steht fest, dass Georgien wenigstens 25 Jahre benötigt, um die Früchte der Unabhängigkeit vollends zu genießen. ...»Wir waren jahrhundertelang unterworfen und müssen uns erst daran gewöhnen, als souveräne Individuen zu handeln. Es gibt keine demokratische Tradition. ... wir sind nicht mehr so kosmopolitisch wie früher. Selbst zu Sowjetzeiten war es in dieser Hinsicht besser. Viele interessante Menschen verlassen unser Land -»Wissenschaftler, Künstler, Top-Techniker, Spitzenfußballer. Die anderen bewegen nicht viel. Sie warten, dass ihnen von außen geholfen wird. ... Die so genannte Elite besteht im Wesentlichen aus früheren Kommunisten. Was sie auszeichnet, ist ihre Fähigkeit, immer oben mitzumischen - egal ob Mongolen kämen, Chinesen oder Russen. Sie sind immer dabei, „born to rule". Die Universitäten sind noch nicht gut genug. Auch dort herrscht Korruption. Sie sind in den Händen von Banditen. Neue Eliten schaffen sie nicht.«
»Welche Gründe gibt es noch für die Beliebtheit Stalins?«
»Die allermeisten Menschen sind mittelmäßig. An Stalin haben sie nun erlebt, dass ein mittelmäßiger Mensch zu einem der mächtigsten Herrscher der Welt aufsteigen kann, ohne Universitätsstudium und ohne Hilfe von außen. So ist Stalin ein Vorbild für mittelmäßige Menschen geworden. Seine krankhafte Kriminalität verlieren sie dabei aus den Augen.«

S.196: Auf dem Rückweg seien sie [UNO-Beobachter in Abchasien] durch Schüsse vor die Füße gestoppt worden. ... »Waren die Kidnapper nun Banditen oder georgische Partisanen?«
Major Rosenquist will darauf keine Antwort geben, aber er macht deutlich, dass zwischen Banditen und Partisanen kaum Unterschiede bestehen. Im Kodori-Tal leben Swanen. Sie gehören zwar zu Georgien, sind aber eine eigene Volksgruppe, und

zwar mit rauhen Eltern. Nach Swanetien traut sich ohne Einladung nicht einmal ein Georgier.

S.201: »Gibt es eine Zusammenarbeit zwischen Abchasen und Georgiern?«
Auf dem Gebiet der Elektrizität! Die Georgier haben das Wasser, die Abchasen den Generator. So schaffen sie Strom auf beiden Seiten des Inguri. Besonders effektiv arbeitet aber die Mafia zusammen. Für sie gibt es keine Waffenstillstandslinie, auch keine Feindschaft zwischen Abchasen und Georgiern.«
»Was verschieben sie?«
»Benzin, Holz, Bunt- und Altmetall.«
»Der Krieg ist grausam geführt worden. Wie geht es jetzt zu, wenn Abchasen und Georgier bei Verhandlungen gegenüber sitzen?«
Der General lacht. »Das ist das Verwunderliche. Es geht äußerst herzlich zu. Sie umarmen sich, küssen sich und erinnern sich, wie sie zusammen Basketball gespielt und den Mädchen nachgestellt haben. Beim Abschied tragen sie sich gegenseitig herzliche Grüße für Freunde und Verwandte auf.«

Der Autor mit Swanenkappe aus Filz
mit „ЭДЕЛЬВЕИС"-Abzeichen aus dem „Elbrus-Hotel"

Mestia mit den Wehrtürmen

Im Schchelda-Tal

Auf den Felsen über dem Prijut Odinazatij - Elbrus

Gletschertor

Angela und Nina in Tbilissi